Cambio radical

CORAL MUJAES

Cambio radical

33 LECCIONES MILAGROSAS
PARA TRANSFORMAR TU VIDA

alamah

Cambio radical
33 lecciones milagrosas para transformar tu vida

Primera edición: junio, 2018

D. R. © 2018, Coral Mujaes

D. R. © 2018, derechos de edición mundiales en lengua castellana:
Penguin Random House Grupo Editorial, S.A. de C.V.
Blvd. Miguel de Cervantes Saavedra núm. 301, 1er piso,
colonia Granada, delegación Miguel Hidalgo, C.P. 11520,
Ciudad de México

www.megustaleer.mx

D. R. © Penguin Random House / Karina Torres, por el diseño de cubierta
D. R. © iStock, por la fotografía de portada
D. R. © Jorge Muciño, por la fotografía de la autora
D. R. © Alan Cohen, por el prólogo

ISBN: 978-607-316-593-8

Impreso en México – *Printed in Mexico*

El papel utilizado para la impresión de este libro ha sido fabricado a partir de madera procedente
de bosques y plantaciones gestionadas con los más altos estándares ambientales, garantizando
una explotación de los recursos sostenible con el medio ambiente y beneficiosa para las personas.

Penguin
Random House
Grupo Editorial

Índice

Agradecimientos

Primero que nada, agradezco al Universo por nunca dejarme caer y siempre cuidar mis espaldas.

Agradezco a Dios, por nunca darse por vencido conmigo, aun cuando fui —y a veces sigo siendo— una aprendiz muy terca. Aprender una lección me costó años. Gracias, Dios, por enseñarme la compasión a través de mis múltiples recaídas y por siempre mandarme ángeles disfrazados de humanos que me dieron la mano para transformar mi vida y cumplir mis sueños.

A *Un curso de milagros,* por sostenerme y, a través de sus enseñanzas, permitirme vivir hoy una vida llena de felicidad, paz, amor y milagros.

A un emprendedor superior (*you know who you are*), por ser la persona más amorosa que he tenido a mi lado.

A César Ramos, por ser siempre mi ángel editorial, mentor y guía; a David García Escamilla, por darme una segunda oportunidad y creer en mí.

A Penguin Random House, por ser el vehículo a través del cual puedo compartir un mensaje de amor al mundo.

Gracias, gracias, gracias.

Prólogo

Cada uno de nosotros nace con una misión, un propósito guiado por nuestra alma que, al lograrlo, nos hará sentirnos realizados y nos ayudará a guiar a otros a su camino más noble. Seremos capaces de reconocer nuestra misión porque nos trae alegría y nos desafía. Estamos en el camino correcto cuando nos sentimos felices. Cuando nos enfrentamos a desafíos, somos dirigidos a lecciones importantes que nos ayudarán a avanzar en el viaje de nuestra alma. Cuando dominamos esos desafíos, nos hacemos más fuertes y también vemos las cosas desde otro punto de vista. Esto no sucedería si las cosas fueran más fáciles.

Coral Mujaes es un alma valiente cuya meta es aprender y enseñar. En *Cambio radical*, ella comparte su viaje de sanación inspirador, incluyendo cómo dominó las lecciones de vida relacionadas con la bulimia. Felicito a Coral por ser tan abierta y honesta al hablarnos de su experiencia, ya que eso también representa una enseñanza. No podemos sanar lo que ocultamos o lo que nos escondemos. Cuando iluminamos nuestra sombra, la sombra desaparece, y lo único que queda es nuestra propia integridad magnífica.

Coral es la maestra perfecta para mujeres que sufren problemas de imagen corporal, que se juzgan con severidad y que también luchan con el sentido de competencia. Ella ha pasado por todo eso y entiende las dificultades y el profundo deseo de transformar la autonegación y sustituirla por amor propio. Si alguna vez te has sentido poco atractiva, indigna o no merecedora, en este libro encontrarás minas de oro que te ayudarán a ir más allá de tus límites percibidos y alcanzar la libertad que tanto deseas.

Los hombres también se beneficiarán de la sabiduría de estas páginas. Nosotros vivimos nuestras propias lecciones, las cuales están relacionadas con la aceptación propia, con el hecho de sentir compasión por nuestro dolor, relacionarnos con mujeres con habilidad y honor, alcanzar nuestras metas y ayudar a otros. Todos estamos juntos en esto. Hombres y mujeres, jóvenes y viejos, ricos y pobres, somos más similares que distintos. Si bien debemos respetar nuestras diferencias, seremos sanados a través de nuestras similitudes.

En este precioso libro encontrarás el ánimo y el permiso para *ser auténtico*. Goethe dijo: "Tan pronto como confíes en ti, sabrás cómo vivir." Coral nos guía por el camino para reconocer nuestro valor, en lugar de tratar de convertirnos en alguien o algo que no somos. Por mucho que lo intentemos, no podemos cambiar la persona que Dios nos hizo. Jamás serás perfecto; sólo puedes reconocer la perfección en lo que ya fuiste creado.

Todos llevamos una doble vida. Está la persona que vive dentro de nosotros, nuestro ser auténtico, y está la persona que presentamos al mundo. La cantidad de alegría y dolor en tu vida está determinada por el tamaño de la brecha entre tu ser auténtico y tu ser presentado. Cuanto mayor sea la diferencia, mayor será tu dolor. Cuanto menor sea la diferencia, mayor será tu alegría.

Coral nos anima a cerrar esa brecha al presentar nuestro ser auténtico al mundo. Y aquí es donde el coraje entra en juego. La palabra "coraje" proviene de la palabra francesa *coeur*, que significa "corazón". Entonces la persona con más coraje no es la que tiene los músculos más grandes o aquella con más poder. La persona con más coraje es aquella cuyo corazón es su fuente de vida. Incontables libros de superación personal hablan mucho de filosofía y poco de la práctica. Este libro es distinto. Cada capítulo está lleno de minas de oro de sabiduría y planes de acción. Pequeños pasos conducen a saltos gigantes. El conocimiento es inútil hasta que se convierte en acción. Si sigues las prácticas sugeridas, avanzarás mucho en tu camino espiritual.

Me alegra mucho que Coral comparta estas enseñanzas transformadoras a lectores del idioma español. Tú tienes un corazón enorme. Ahora ganarás la confianza necesaria para presentar tu ser auténtico al mundo y vivir la vida que siempre has querido. El día que te enamoras de ti y luego compartes ese amor con el mundo, es el día más glorioso de todos.

ALAN COHEN

Introducción

"HAY UNA MANERA DE VIVIR EN EL MUNDO QUE NO ES DEL MUNDO, AUNQUE PAREZCA SERLO. NO CAMBIAS DE APARIENCIA, AUNQUE SÍ SONRÍES MUCHO MÁS A MENUDO. TU FRENTE SE MANTIENE SERENA; TUS OJOS ESTÁN TRANQUILOS. Y AQUELLOS QUE CAMINAN POR EL MUNDO CON LA MISMA ACTITUD QUE TÚ RECONOCEN EN TI A ALGUIEN SEMEJANTE A ELLOS. NO OBSTANTE, LOS QUE AÚN NO HAN PERCIBIDO EL CAMINO TAMBIÉN TE RECONOCERÁN Y CREERÁN QUE ERES COMO ELLOS, TAL COMO UNA VEZ LO FUISTE."

UN CURSO DE MILAGROS

En abril del año 2009, después de estar de fiesta 3 meses seguidos, desperté hinchada, cruda, deprimida y sin saber cómo había llegado a mi casa, caí de rodillas en mi departamento de Madrid y dije la siguiente oración:

"Tiene que haber otra manera de vivir."

Yo estaba de intercambio en España por la universidad. Tenía 24 años y hasta esos momentos lo único que conocía de mí era mi capacidad de tomar alcohol, ser una *party girl* y la bulimia que me acompañaba a escondidas. Estuve en el mundo de las adicciones por tanto tiempo que olvidé lo qué eran la felicidad y la verdadera libertad.

Al decir aquella frase, mi mundo se derrumbó. Cuando entré en recuperación y empecé a dejar el alcohol, comencé a sentir esa soledad que llevaba en mí desde hacía años, esa depresión ahogada por las noches de antro y la fiesta; apareció esa niña insegura que yacía detrás de la bulimia. Sentí la vida tan llena de insatisfacción que viví por décadas, refugiándome en mi fuerte adicción a la comida y, por fin, sentí esa gran desconexión espiritual que mantenía viva a través de una fuerte obsesión con mi cuerpo físico, mi apariencia y mi vanidad.

En pocas palabras mi verdadera "lucha" empezó una vez que elegí recuperarme.

LA **LUCHA** POR LA **LIBERTAD** NO ESTÁ DENTRO DE NUESTROS PROBLEMAS, SINO DEL OTRO LADO DE ELLOS.

Fearless Wisdom

Tuve que aprender una nueva manera de vivir, de ser, de hablar, de ver el mundo.

Así empezó mi verdadero camino, el que me llevaría cada día, momento a momento, a confrontarme.

Hay esa noción de que una vez que elegimos vivir en la luz, recuperarnos de algo y empezar a llevar una vida espiritual, todo nuestro entorno mejora. Y sí, absolutamente cierto, pero...

Cuidado con esa creencia. Si piensas mucho en ella, abandonarás el camino rápidamente y te diré por qué.

La percepción que tenemos de nuestros problemas jamás son nuestros verdaderos problemas. Son las soluciones que hemos encontrado a esos verdaderos problemas, disfrazados por comportamientos destructivos que no queremos sanar.

La vida es metafórica, no literal.

Cuando haces una oración pidiendo que tu vida cambie, puedes esperar que *"all hell breaks loose"*.

Una vez que renuncias a esa vida anestesiada y desconectada, todo lo reprimido empieza a salir. Se revelan todas nuestras sombras y heridas, nuestros miedos, nuestras creencias saboteadoras y percepciones chuecas.

En pocas palabras, significa que debes morir. Es una muerte espiritual y debes dar a luz a una nueva tú. El proceso es dulcemente doloroso, pero el resultado de tener el coraje de pasar por ese fuego transformador a través de las lecciones que el universo traerá a tu vida diaria, te llevará a vivir una vida inimaginablemente libre y feliz.

Dejar ir patrones de miedo y adicciones requiere coraje, compromiso y presentarte a las lecciones de tu vida de manera diaria. Debemos estar dispuestas a hacer el trabajo interno.

El cambio más importante en mi vida no han sido mis experiencias sino cómo veía, sentía e interpretaba mis experiencias.

Todas las lecciones siempre traen *sabiduría líquida*. Ayudarte a cultivar un *mindset* (predisposición mental) poderoso para recoger esos dulces frutos de la adversidad es mi compromiso contigo.

A través de las lecciones de este libro, te guiaré y ayudaré a desarrollar un *mindset* milagroso.

Puedes leerlo de corrido o, en momentos de crisis, hacer una oración y abrirlo aleatoriamente. El universo te guiará a la lección que necesitas en ese momento.

Escribí este libro porque vi la gran necesidad que tenemos de encontrar herramientas espirituales para lidiar con los estreses de la vida cotidiana de otra manera. La clave para cambiar cualquier hábito y conducta destructiva, es poner uno nuevo en su lugar. Si te empiezas a familiarizar con las leyes del universo amoroso en el que vives, confía en mí cuando te digo: **TU VIDA JAMÁS VOLVERÁ A SER LA MISMA.**

Verás, la clave a la felicidad está en los pequeños cambios que hacemos momento a momento. Este libro te lleva de la mano, te guía, te motiva y te sostiene durante todo el proceso. Ve este libro como tu recetario alquímico del alma, en él siempre encontrarás una respuesta, te acompañará e iluminará el camino. No estás sola y no tienes que pasar por los retos de la vida en sufrimiento. Hay una manera de vivir en este mundo que no es de este mundo. Puedes vivir en gracia.

Cada lección trae historias, *Fearless Wisdom* (sabiduría poderosa) y pasos para que internalices tu lección de manera más fácil. Notarás que los pasos son sumamente sencillos y fáciles de llevar a cabo al instante.

No dudes de su poder.

La profundidad de cada lección te llevará a encontrarte contigo.

Te invitará a pensar de manera diferente. No abandones estos aprendizajes.

Las cosas nunca son lo que parecen. Confía en que serás llevada a la lección perfecta.

Entrena tu visión espiritual, libera resistencias y crea una vida llena de felicidad y milagros.

LECCIÓN I

Debe haber otro camino

"ABANDONARTE LA FUERZA NO PUEDE.
CONSTANTE ELLA ES. SI ENCONTRARLA NO PUEDES,
EN TU INTERIOR Y NO FUERA DEBERÁS MIRAR."

YODA (STAR WARS)

Cuando estaba en recuperación de la bulimia, recuerdo que viví un conflicto interno súper fuerte. Por un lado, tenía un deseo ferviente de bajar mi grasa corporal a 14% y, por otro, quería desesperadamente dejar de comer compulsivamente a escondidas y de estar obsesionada con la comida.

Luché con este conflicto durante años. Primero, entré en recuperación con una maestra que no sabía nada de la bulimia, pero mi proceso con ella me inició en mi carrera como escritora.

Después fui buscando muchos métodos alternativos para recuperarme ya que los tradicionales jamás funcionaron para mí. Una de las primeras cosas que aprendí en recuperación era que debía abandonar la mentalidad de dieta, cosa que me resultaba imposible. Perdía el control si no estaba restringida por una dieta estricta. Mi experiencia había sido que las pocas veces que soltaba la dieta me salía de control con la comida y me daba atracones que me llevaban a recaer y la culpa me hacía vomitar.

Mi proceso de recuperación no fue para nada rápido. Cometí muchos errores. Después busqué que una nutrióloga me ayudara a descubrir cómo funcionaba mi cuerpo. Había intentado desesperadamente convertir a mi cuerpo en una máquina quemadora de grasa consumiendo 0 carbohidratos (o los menos posibles) y una dieta alta en grasa y proteínas. Resultado=No satisfactorio: acabé abusando de las grasas, sobre todo de las nueces de la india. Y por supuesto, en mis momentos de soledad acababa dándome un atracón de todos esos carbohidratos que evitaba.

Me sentía súper mal, súper frustrada, me enojaba con Dios, con la vida, porque no podía hacer realidad mi sueño de tener un cuerpo Fit. ¿Por qué debía llevar una dieta baja en carbohidratos? ¿Era la única manera de estar marcada? ¿Por qué tenía que pasar hambres? ¿Era la única manera? Yo renunciaba, en verdad renunciaba, no era posible, simplemente porque no era sostenible.

Alrededor de esos intentos también había adquirido un libro, llamado *Un curso de milagros* y me volví su estudiante.

En él aprendí que no hay grado de dificultad en los milagros.

DEBE EXISTIR OTRO CAMINO

Hice lo que sé hacer mejor, ponerme de rodillas y orar. Recuerdo haber dicho: "Dios mío, tiene que haber otro camino, tiene que haber otro camino para estar *fit*, fuerte y en forma sin pasar hambres y sin desórdenes alimenticios." Debía haber otro camino, pero yo no lo veía.

Mi disposición para ver las cosas de una manera diferente y mi creencia en los milagros trajeron a mí, poco a poco, las herramientas, las guías, las gurús correctas, en los momentos correctos, ellas me guiaron a encontrar una manera de alimentar mi cuerpo que fuera adecuada para mí.

Esto es exactamente lo que pasa cuando estás dispuesta a creer en otro camino para llegar adonde quieres ir. *Relax into your dream.*

A lo mejor llevas peleando con tu cuerpo décadas, intentando cambiar su forma; has seguido innumerables dietas, que si *low carb, low fat*, no azúcar, no gluten, no lácteos y todo bajo la falsa historia de tu ego de que es "saludable" pero, la verdad, lo único que quieres con toda tu alma es estar flaca.

O a lo mejor quieres ganar dinero, conseguir un galán. Sea lo que sea que has estado intentado controlar y luchando con resultados no satisfactorios, tengo noticias para ti: hay otro camino, uno que no es de este mundo, aunque parezca serlo.

El espacio energético desde el que haces las cosas es lo que cuenta. Y lo he visto muchas veces: en el caso del cuerpo, la gran mayoría de las personas bajo la influencia de esta ola *healthy* hacen todo, menos lo necesario para ser saludables.

No se dan cuenta. No pueden ver que están bajo la influencia de la aceptación, de las tendencias y de su vanidad espiritualizada.

Yo no digo de ninguna manera que azúcar, lácteos y gluten sean saludables: definitivamente creo que hay personas celiacas, diabéticas e intolerantes a la lactosa que, en verdad, si comen estas cosas se mueren; pero la gran mayoría las ingerimos de vez en cuando y estamos bien.

Yo soy 100% partidaria de comer saludable y evitar lo que genuinamente te caiga mal, no me mal entiendas, pero nunca desde el miedo, el control y la restricción.

¿Estarías abierta a creer que hay otra manera de cumplir el deseo que tienes?

¿Estarías abierta a creer que **HAY OTRO CAMINO**?

¡SÚPER! Es el primer paso para lograrlo.

A continuación tu *Quick Recipe* para el alma.

1. *Debes estar abierta a la idea de que hay otro camino.* Tu simple apertura a creerlo ya ha puesto en marcha fuerzas invisibles que traerán a ti tu deseo.

2. *Suelta la idea preconcebida de tu deseo.* Debes también soltar en tu mente la idea de cómo debe ser. Muchas veces las cosas jamás nos llegan como las imaginamos, simple y sencillamente porque la gran mayoría de las veces eso que imaginamos viene desde una herida en nosotros, algo que estamos tratando de compensar, pero eso, a la larga, jamás te hará feliz.

Debes estar dispuesta a soltar esa idea y dejarte guiar por la energía sabia del Universo.

¡Súper! Declara:

"Libero mis deseos de lo que creo que necesito y me abro a las infinitas posibilidades de un mundo amoroso."

3. Pon atención a las señales del Universo. Ahora que creaste esa apertura y liberaste tu control, pon atención a todos los libros, conferencias, talleres, canciones y videos que te lleguen. El Universo, créeme, hablará un idioma que puedas entender, sólo debes tener los ojos abiertos y esperar las señales que te manda. Si vas por la vida sabiendo que eres guiada, créeme, sin duda alguna sabrás cuáles son las señales que te son proveídas…

4. Confía. Cuando veas las señales, confía en ellas. No dudes, no preguntes a todo el mundo que opina, has hecho una oración y fue respondida. Ahora tu trabajo es confiar en ella.

Abre los ojos frente a otras posibilidades.

LECCIÓN 2

Buscamos en otros lo que consideramos nos falta a nosotros

"AMAMOS A OTRO CON EL OBJETIVO DE VER QUÉ SACAMOS DE ÉL.
EL AMOR ES INCAPAZ DE EXIGIR NADA."

UCDM

Muchos crecimos en hogares disfuncionales. Me gusta mucho saber que Marianne Williamson afirma que absolutamente todos venimos de hogares disfuncionales: esto no se refiere únicamente a las familias con problemas típicos como alcohol, drogas y/o desórdenes alimenticios. Aunque nuestro ego así nos lo hace creer, señala a esas personas y evita que nos veamos a nosotros mismos y nuestros problemas.

Piénsalo, es una táctica muy buena: mientras estamos enfocados en los drogadictos, en las chavas con desórdenes alimenticios, narcos, criminales, etcétera, no tenemos que voltear a vernos, pues en la mayoría de los casos estamos en bancarrota espiritual.

El problema de no reconocer esas situaciones en nosotros es que vamos por el mundo deseando, queriendo y buscando todo aquello que consideramos nos falta.

A mí esta lección me quedó clarísima cuando empecé a *datear* en consciencia. ¡No, en serio, agárrate!

Recuerdo que estaba en Los Ángeles, haciendo el programa de los doce pasos, orientado a tratar cualquier tipo de dependencia con frecuentes sesiones, con mi madrina. Ella me dijo:

"Muy bien Coral, ¿qué quieres en un hombre?"

Pa' su... Le di vuelo a la hilacha... Hice una lista que superaba los 50 atributos... puse de todo. Pero empecé por lo físico, que para mí siempre había sido algo importantísimo.

Mi lista iba más o menos así:

ALTO

OJOS VERDES

PELO OSCURO

CUERPO *FIT*, MUY *FIT*

QUE HUELA RICO

QUE VISTA BIEN, QUE TENGA BUEN ESTILO

GENEROSO

TRABAJADOR

EMPRENDEDOR

CHISTOSO

FIEL

HONESTO

CON CAMINO ESPIRITUAL

En fin, puedo seguir con mi listita. Lo interesante es que conocía y conocía hombres pero ninguno me gustaba, con ninguno hacia clic.

Pasó un tiempo y de repente *¡Boom!* Llegó un chico con el que conecté, sólo que había un pequeño **GIGANTESCO** problema. Me gustaba absolutamente todo de él, menos dos cosas. 1) Su físico, 2) Su edad.

Esto me creó un conflicto interno como los que me caracterizan. Ya había sentido esto en el área de mi cuerpo, en mi manera de alimentarme y ahora me sucedía en el área del amor… ¡me quería morir! Físicamente era lo que yo juzgaba como el hombre más feo que había visto en el mundo pero me gustaba mucho y sufría horrible. Era un estira y afloja que me desgastó mucho.

Después hice lo que se debe hacer cuando me encuentro en una situación así: reconocí que me sujetaba a un patrón, reconocí que estaba totalmente dominada por mi sistema de pensamiento basado en el miedo y, por supuesto, por todas mis heridas. Sabía que el físico de ese joven activó en mí nociones e ideas que necesitaban ser sanadas con urgencia.

Verás: cuando estamos en presencia de alguien que nos hace experimentar emociones negativas, en ese momento necesitas reconocer que estás en presencia de un gran maestro. La única manera de ver tus heridas es cuando se activan esas emociones, ya que no estás protegida por tu inconsciente. Y por supuesto, es mucho más fácil ver nuestras sombras proyectadas en la persona de enfrente. Pero al final, son nuestras sombras, no de esas personas.

Pasó, le marqué a una de mis guías espirituales y le conté absolutamente toda mi locura. Ella moría de risa ante mi crisis y mi histeria, pero era real, en mí la sentía real.

Me hizo las preguntas correctas que me permitieron ver, por supuesto, que ese muchacho no era feo, sino que yo lo percibía así, y su presencia detonaba en mí esos lugares que todavía tenían que ser sanados.

O sea, todo mi apego y mi necesidad de atención a través de un cuerpo físico.

Este chico en realidad era lejos de feo. El problema es que yo estaba proyectando en él mis heridas de obsesión corporal. Si te soy honesta, y me da pena aceptarlo, yo buscaba un hombre que fuera para mí como un "trofeo" que podría presumir, porque creía que yo solita no era suficiente; además la necesidad de atención siempre dominó mi vida.

Entonces, ¿de qué manera buscas en tu vida algo externo que satisfaga aquello de lo que tú crees que careces?

En mi caso, como viste, fue en el aspecto físico, pero ¿qué hay de ti?

Muchas personas se fijan demasiado en el dinero de su pareja, porque creen que jamás podrían crearlo ellas. Tienen que buscar a alguien que "resuelva" ese problema en su vida.

Otras personas buscan mucha diferencia de edad en sus parejas por inseguridad, por suponer que no son capaces de retener a una pareja de su edad. O simplemente porque buscan, inconscientemente, una figura paterna, no amorosa.

Aquí va la *Quick Recipe* para sanar esta situación en tu vida:

❁ **1. Reconoce que hay una herida en ti que inconscientemente intentas encubrir.** Es sin duda el paso número uno para sanarla: *verla*. Si necesitas ayuda con esto basta que cierres tus ojos y pienses en las personas que te estresan, ponen de malas o causan conflictos. Puede ser tu pareja, un amigo, tu jefe. Ellos son el espejo perfecto para que puedas verte. Recuerda: *It's never about them.*

❋ **2. Ten disposición para cambiar.** Tu deseo de hacer el trabajo necesario e ir a lo profundo de esa herida lo es todo. Porque cuando deseamos sanar y cambiar, el trabajo no viene fácil, se mueven muchas cosas y somos llamados a ver esas partes de nosotras que juzgamos como malas o inadecuadas.

❋ **3. No te juzgues.** No juzgues tu proceso ni juzgues lo que encuentres cuando profundices y veas qué hay detrás de esa herida. Todas generalmente se crean en nuestra infancia por algún trauma. De esto, **no eres culpable**, así que tienes prohibido juzgarte. Sé nada más un testigo amoroso, acepta el proceso y con esto tu sanación.

❋ **4. Libera la creencia de que te falta algo.** Una vez dados los pasos anteriores, estás lista para dejar ir esa creencia de que necesitas que la otra persona tenga o sea _____ para sentirte bien, completa y contenta.

Conócete, ámate.

LECCIÓN 3

El cuerpo responde a las intenciones de la mente

"LA TRANSIGENCIA QUE INEVITABLEMENTE SE HACE
ES CREER QUE EL CUERPO, Y NO LA MENTE,
ES EL QUE TIENE QUE SER CURADO."

UCDM

Creemos que somos cuerpo, este cuerpo físico. Muchas veces no vemos otro propósito que el de inflar nuestro ego a través de su apariencia y de lo que podamos lograr por medio de nuestra gran disciplina con dieta y ejercicio.

Considero lo anterior uno de los más grandes distractores del ego, porque mientras estemos enfocadas en él, no podemos ver nada más. Mientras tu atención y tu energía estén en crear un buen cuerpo, no tendrás la energía para ir a tu interior y que te sea revelado realmente quién eres y cuál es tu propósito aquí.

Mientras sigamos creyendo que a través de nuestro cuerpo llenamos nuestras necesidades, seguirán en nosotros ansiedad, estrés y depresión. Pasar la vida controlando la comida es la mayor causa de ansiedad que conozco. Lo peor de todo es que no nos damos cuenta de que somos personas obsesionadas, se ha convertido en una manera muy "normal" de vivir.

Lo veo siempre en los gimnasios a los que voy.

Intentar controlar todas las cosas externas a través de dietas y medicinas es irrelevante, ya que al final del día lo único a lo que realmente responde el cuerpo es a nuestra mente, es decir, a nuestros pensamientos, esas historias que nos contamos a diario respecto a nuestra experiencia del mundo y lo que vivimos. Él responde a la energía que emana atrás de cada pensamiento. Es la única Verdad, con V mayúscula, todo lo demás es pura ilusión. ¿Por qué? Porque aunque a través de la dieta y el ejercicio puedas darle una forma al cuerpo, permanecerá así solamente mientras mantengas esa "disciplina sobrehumana" y a veces ni así. He escuchado mucho a gente diciendo "mi cuerpo ya no responde como antes, ahora tengo que apretar más la dieta, hacer más ejercicio, más y más y más."

De acuerdo con ciertos principios espirituales, hacer más nunca es mejor. Es una creencia limitante: "Tiene que costarte muchísimo trabajo para que veas resultados", "Tienes que matarte en el gimnasio", "Tienes que apretarle a la dieta", *"No pain no gain"*, ¿correcto? Estamos equivocados. Hay una manera de vivir en este mundo que no es de este mundo, aunque parezca serlo.

¿Por qué no, mejor, cambias tu enfoque? Aquí no te pido que sueltes tus objetivos, sino tus métodos.

Qué pasaría si a partir de hoy buscas trabajar en tu mente para darle forma a tu cuerpo o para sanarlo de cualquier enfermedad. Cuando le diagnosticaron cáncer a la famosa escritora y oradora

Louis Hay (que en paz descanse), no permitió (
le cortaran ese pedazo de órgano canceroso, sin
en cambiar la parte de su vida y su mente que hab.
al desarrollo del cáncer en primer lugar. Una vez
jamás tuvo que operarse. Entendió muy bien que, si ѕ. cambiaba
su mente y se operaba, los doctores sólo continuarían cortando
pedacitos de "Louis".

En otras palabras, si tu mente está en paz, tus pensamientos
también lo estarán; si tus pensamientos están en paz tus emociones lo
estarán y si tus emociones están en paz tus acciones serán pacíficas.

En el caso del fitness no tendrás ni siquiera que hacer dieta.
Comer de acuerdo con tus objetivos te vendrá bien naturalmente
porque tu cuerpo sólo será una extensión de la persona en la que
te habrás convertido en el proceso.

UNA VEZ MI MAESTRO ME DIJO: "CORAL,
NO PERSIGAS ESTAR FIT, **CONVIÉRTETE**
EN LA PERSONA QUE **VIVE FIT**."

Fearless Wisdom

Aquí te invito a que pienses *outside the box*. Necesitas convertirte
en la persona que tiene los hábitos, creencias, nutrición y espiritualidad *on check* para tener como consecuencia ese cuerpo que
deseas: fit, fuerte y saludable.

magínate comer saludable y en porciones adecuadas para ti porque no necesitas la comida para relajarte. Imagínate que estar en forma, ir al gimnasio y no abusar de la comida es genuinamente lo que deseas y eres como persona.

Cuando eliges trabajar en reentrenar tu mente mediante un sistema de pensamiento de amor, eliminarás tres ingredientes tóxicos de tu vida:

EL CONTROL
LA RESTRICCIÓN
EL MIEDO

Sin estos "químicos", tendrás el camino libre para modelar un cuerpo fit —en caso de que sea tu deseo— y radiante de salud, ya que las enfermedades también son creadas en la mente.

Para hacer esta conexión mental, reconoce que el método que utilizas ya no funciona para ti. Jamás dejarás ir algo mientras creas inconscientemente que te funciona.

MIENTRAS LE OTORGUES MÁS VALOR A ESTAR **DORMIDO** QUE A ESTAR **DESPIERTO**, NO QUERRÁS DESPERTAR.

Un curso de milagros

Si sigues creyendo en el dominio y la restricción, no saldrás de ella por miedo a "perder el control". Muchas veces la adicción no es a la dieta sino al control. No sabemos quiénes seríamos sin ese control.

¿Quién serías si no estuvieras a dieta?
¿Quién eres sin esa estructura fitness tan rigurosa?
¿Quién eres sin ese control?

Apunta las respuestas honestamente en tu diario y verás que tras ellas se esconden muchas creencias y, sobre todo, muchos miedos. Y ahí está la clave: descubrir los miedos que hasta ahora han manejado a tu cuerpo físico.

Una vez que los descubras, podrás renunciar a ellos, adoptando un sistema de pensamiento diferente.

Como diría mi amigo y orador motivacional Tony Robbins, el cambio es instantáneo. Lo que nos toma mucho tiempo es prepararnos para el cambio.

Y tú, ¿lo estás?

LECCIÓN 4

La voz del universo te guiará y te será revelado todo lo que necesitas saber

Si se nos revelara toda nuestra vida en un instante, estaríamos metidos bajo una cama por el resto de nuestros días. Imagínate que cuando entraras a la escuela a primero de primaria te mostraran todos los exámenes, trabajos, presentaciones y demás que tendrás que hacer para, por fin, algún día graduarte y trabajar para mantenerte.

Corres en ese momento. Corres para **NUNCA** volver.

Las leyes del universo operan de la misma manera. Jamás se nos revela algo para lo que no estamos listos.

Todo tiene un proceso, hasta los problemas mismos. Tienen su proceso y sus etapas: en la que aparece, en la que te estresas horrible, en la que sufres, en la que buscas soluciones externas, en la que no encuentras solución, la de doble frustración, la de preguntarle a todo mundo qué harían ellos, la de triple frustración, la de estar absolutamente perdido, la de rendición y la etapa donde, por fin, una vez derrotada, te adentras en tu interior y se presenta la solución.

La verdadera solución a nuestros problemas se nos revela cuando llegamos a ese espacio de rendición. Una de mis más grandes maestras, Gabby Bernstein, dice: "When you think you've surrendered, surrender some more." "Cuando crees que te has rendido, ríndete un poco más." Qué lección tan profunda.

Yo la escuché, pero no la había comprendido realmente; a qué se refería con rendirse "un poquito más". Esto pasa cuando liberamos todas las resistencias para crear el cambio.

Todo problema nos presenta una gran oportunidad de cambio, a eso se reduce un problema: una situación que ya no funciona y debe ser rectificada. El Universo normalmente nos susurra suavemente señales cuando algo no va bien, pero no estamos entrenados para escucharlas. El Universo nos habla a través de nuestra intuición, de nuestras sensaciones corporales, a veces totalmente adormecidas. Muchas de nosotras hemos pasado tantos años en lucha con las sensaciones de nuestro cuerpo, que el Universo ya no puede utilizarlo como medio de comunicación con nosotras.

Yo, por ejemplo, pasé 30 años trabajando diligentemente para no sentir hambre. Lo peor que me podía pasar era sentir ese hueco de hambre en el estómago: **LO PEOR**. Así que lo anestesiaba con ejercicio, con muchísimo té verde, me acabé cajas de chicles sin azúcar, tomé pastillas, etcétera. Esto me creó una profunda desconexión con mi cuerpo y con el universo.

Era como si hubiera destruido mi brújula en medio del mar. Mi barco, sin duda, se metía en las peores tormentas y acababa destrozado.

Siempre sin rumbo, sin saber cómo actuar, dependiendo de la opinión de los demás para saber qué hacer con mi vida.

Era horrible.

Todo cambió cuando una de mis grandes mentoras, Marie Forleo, a la que amo y admiro, dijo en una entrevista que ella tomaba sus decisiones más importantes basándose en las sensaciones de su cuerpo. Me quedé con la boca abierta, ¿cómo? Una mujer emprendedora y millonaria como ella tomando decisiones de vida de acuerdo con lo que le dice su cuerpo. ¡No!, ¿cómo era posible? Según yo había que tener un grupo de sabios consejeros alrededor para saber qué hacer con nuestras vidas.

Me equivoqué.

Las decisiones más acertadas que he tomado en mi vida han sido cuando elegí aceptar mi cuerpo como instrumento, a través del cual el universo pudiera guiarme.

RÁPIDAMENTE APRENDÍ QUE —SI LO PERMITIMOS— EL **ESPÍRITU SANTO** UTILIZA AL CUERPO COMO MEDIO PARA **DESPERTARNOS** A LOS APRENDIZAJES QUE NECESITAMOS.

Fearless Wisdom

> "EL **ESPÍRITU SANTO**, SIEMPRE PRÁCTICO EN SU **SABIDURÍA**, ACEPTA TUS SUEÑOS Y LOS EMPLEA EN BENEFICIO DE TU **LIBERTAD**"

Un curso de milagros

Una vez que el universo tiene un medio para comunicarse con nosotros, nos guía absolutamente todo el tiempo todos los días. Como mi cambio, que fue gradual y tuve que reentrenarme y hacer las paces con las sensaciones de mi cuerpo.

Para ese momento, cuando escuché esa entrevista, una parte de mí ya estaba lista para derrotarse ante las dietas, ante el control y ante mis intentos feroces por no sentir hambre o aguantármela.

Yo estaba harta. Entonces el Universo puso esa entrevista ante mí mediante una persona que yo admiraba muchísimo, porque sabía que escucharía. Yo estaba lista para escuchar y aprender mi lección.

Esa entrevista, de no estar preparada, simplemente no hubiera llegado a mi correo.

Por eso, créeme cuando te digo que el universo sólo te dará lo que estás dispuesto a trabajar. Y para esto, rendirte ante el problema es indispensable.

Trae ese problema que llevas cargando años en tu mente.

¿Estás lista para dejarlo ir, lista para rendirte ante él e intentar solucionarlo a través de factores externos?

Si tu respuesta es sí, estás en el camino de un milagro. El universo no puede resolver por ti algo que no estás dispuesto a soltar.

Rendirnos es muy difícil para nosotros porque creemos que significa darnos por vencidos, perder el control, cuando de hecho nos da mayor control que nunca, ya que el verdadero control jamás viene como lo conocemos tradicionalmente.

LA MAYOR FUENTE DE CONTROL ES LA **AUSENCIA DE CONTROL**

Fearless Wisdom

*Cambia tu perspectiva,
cambia el significado que le has dado
al control y eso ayudará muchísimo
a liberarte de esa lucha, a rendirte
y entregársela al poder del Universo
para que la resuelva por ti.*

LECCIÓN 5

Libera la resistencia

"LA PREOCUPACIÓN ES LA ORACIÓN AL CAOS."

GABBY BERNSTEIN

La razón por la que no creamos cambio es por ser resistentes a él. Nuestro estado natural es la paz, felicidad y plenitud total. Cuando estamos en conflicto con las distintas áreas de nuestra vida, en realidad estamos en total resistencia al cambio.

Por años luché contra un miembro de mi familia. Me peleaba constantemente, me sentía herida por esa persona, sentía que me atacaba, y su personalidad apretaba todos mis botones. Estar en su presencia era para mí un verdadero reto, puesto que su personalidad y sus defectos me resultaban intolerables. Entonces se desataba la Tercera Guerra Mundial y yo acababa sintiéndome muy mal. Atacada y herida.

El arma favorita del ego es la defensa porque si nos defendemos, tenemos la justificación de que hemos sido atacados. De acuerdo con *Un curso de milagros*, como hijos de Dios somos invulnerables.

"EN MI **INDEFENSIÓN** RADICA MI SEGURIDAD."

♡ *Lección 153. UCDM*

La lección más grande que aprendí en un viaje a Europa con esa persona es que mi mejor defensa radica en no defenderme. Más que aprenderla tuve la oportunidad de ponerla en práctica. En ese momento yo era estudiante, lo sigo siendo y lo seré hasta que muera, de un curso metafísico llamado *Un curso de milagros*. Una de las lecciones que aprendí en esos momentos fue: "En mi indefensión radica mi seguridad." Un concepto sencillo pero muy difícil de integrar, sobre todo cuando actúas bajo la ilusión de que estas siendo atacada.

La respuesta natural de cualquiera de nosotros cuando percibimos que alguien nos ataca es defendernos. De hecho, es mal visto quien no se defiende, es tachado de débil y dejado. Pero hay poder en el silencio, en la no reacción, en la no defensa.

He descubierto a través de mi experiencia que las veces que he logrado quedarme callada ante los ataques de la gente, automáticamente me coloco en una posición invulnerable ante los demás. Tengo la capacidad de ser una observadora de su comportamiento sin sentirme herida. Sentirnos "heridos" por esa persona es lo que hace al ataque real.

Digamos que la persona que ataca avienta la lanza, pero durante el segundo en que uno permite sentirse herido, se lo toma de modo personal y reacciona con enojo y defensa: se pone a la altura de esa flecha. Y entonces sí, como tiene tu permiso a través de tu actitud, esa flecha entra y te lastima.

Es importante aprender que las palabras sólo tienen el poder que nosotros les demos. En aquel viaje, esa persona no me bajaba de impráctica e inútil. Yo tenía dos opciones:

1. Sentarme en la prisión de víctima.
2. Ser testigo del comportamiento agresivo de esa persona y permanecer en la no reacción.

Muchas veces no pude elegir, no tenía el poder interno de adoptar la segunda opción, pero tenía herramientas espirituales que me sostenían aun cuando volvía a salir mi "debilidad". En el pasado, cada palabra que salía de la boca de aquella persona me hubiera llevado a levantar algunas de mis antiguas drogas de elección: comida o alcohol. Por décadas lidié así con estos dolores, sobre todo porque esa persona era un familiar y en mi agenda personal, la familia "tiene que quererte".

Otro truco del ego: etiquetar relaciones. A este tipo las llama "relaciones especiales". Son todas las que tienen por fuerza un rol en nuestra vida. Para muchas de nosotras, son con nuestras parejas o bien pueden ser con nuestra madre o nuestro padre.

Perdemos si el ego se apropia del *show* con sus exigencias y permanecemos como víctimas del mundo: seremos miserables. Nadie jamás actuará de acuerdo con nuestra agenda y eso es muy buena noticia, porque el que sea una agenda significa que fue fabricada por el ego. Mientras tengamos nuestra agenda llena de expectativas no podremos realmente amar a otra persona.

Es importante también comprender que cuando una persona emite un juicio sobre ti, 100% de las veces **NO ES ALGO PERSONAL CONTRA TI.** Como seres humanos, proyectamos en otras personas lo que traemos dentro.

Una persona feliz y centrada sólo se enfocaría en tus fortalezas y virtudes mientras otra que se siente inadecuada y está llena de miedo y temor, va por el mundo como arquera del miedo, lanzando y proyectando su malestar en toda persona que se le cruza enfrente. Si te juzgó a ti, muy probablemente juzgó a la vecina también y a su marido, y a su hija, y a ella misma.

Yo tengo mucha compasión por la gente que es "cabrona", por así decirlo, son así porque internamente están sumidas en un profundo dolor.

NUNCA CONOCES LA **HISTORIA INTERNA** DE TU AGRESOR

Fearless Wisdom

Por esto te invito a ser más compasiva también, menos crítica y ello puede serte más sencillo: mantenerte en la no reacción.

Aquí aclaro un punto bien importante, si bien he dicho que la mejor defensa es la no defensa, también te invito a que si alguien te "ataca" te abras a considerar su ataque como un punto de referencia que a lo mejor podría hacerte crecer.

Por ejemplo una de las cosas con las que esa persona me atacaba era mi falta de planeación, era muy desordenada.

Por mucho que me mantuviera en la no reacción también tuve la capacidad de ver que eran áreas en mi vida que sin duda podría trabajar y mejorar. Entonces, a veces la crítica, cuando elegimos verla desde un lugar de poder, puede ayudarnos a crecer y ser mejores.

Esto puede o no ser cierto. El 99% del ataque de fuera no es real, de hecho, ninguna forma de ataque es real, y siempre tenemos la oportunidad de observar con equilibrio algún comentario negativo con respecto a nuestra persona y tomarlo como una oportunidad de mejorar.

A raíz de ese viaje me volví mucho más ordenada y planeé mejor mis cosas. Recuerda:

⭐ *Elévate.*

⭐ *Practica compasión.*

⭐ *Practica la no reacción.*

⭐ *Practica la apertura para crecer en todo momento.*

LECCIÓN 6

Flexibilidad: ingrediente clave de la felicidad

Puedo con total convicción decirte que el ingrediente clave que me ha sacado de todos mis comportamientos adictivos es la flexibilidad. Nunca me di cuenta de que los aspectos de mi personalidad que me mantenían encerrada en mis patrones de comportamiento eran dos: perfeccionismo y rigidez.

Lo peor era que no tenía conciencia de eso, siempre juré ser una mujer muy *open mind*, abierta. Esta parte de mi personalidad se hizo evidente cuando en mi proceso de recuperación de la bulimia y la adicción a la comida yo solamente podía mantenerme sobria si llevaba un plan estructurado de comidas. Cuando por alguna razón comía algo que no entraba en mi lista de comida "healthy/fit/segura" yo recaía.

Era horrible, ahora no era esclava de la bulimia sino de la comida saludable. Mi dieta *fitness* era muy rígida y muy exacta en cuanto a mis límites, eso fue lo que en realidad me llevó a la bulimia en primer lugar, pero no podía verlo.

Cuando comencé a tomarme en serio mi recuperación y dije "haré lo que tenga que hacer para dejar esta locura y ser libre", entonces estuve dispuesta a ver lo que me hacía recaer: la adicción al control, la adicción a mi dieta saludable. Era una mujer poseída por los límites y, por supuesto, fui 100% susceptible a todo el ego espiritualizado que vemos afuera. AKA sin gluten, sin lácteos, sin azúcar, crudo, etcétera. Mi mente era una prisión de miedo ante estos ingredientes y cuando por alguna razón sucumbía (porque no importa cuánto los restringía, en mis atracones, siempre acababa comiéndolos) también terminaba sintiéndome culpable.

Esa no era la vida que yo quería, no era la libertad que deseaba sentir alrededor de la comida y me alejaba del llamado que mi alma me hacía a despertar. No podía vivir con acoso del miedo. Tenía amigas *health coaches* en la industria del *fitness* y todas practicábamos disciplinadamente las reglas sin gluten, sin azúcar, sin lácteos, etcétera. Pero aquí viene lo interesante: no lo hacíamos desde un espacio de salud genuina, sino desde un espacio de control, de miedo, y siempre viendo estos ingredientes como si fueran del diablo.

En mi camino descubrí que estos ingredientes no son buenos ni malos, no sanan ni enferman; en sí mismos son neutrales, no tienen significado en lo absoluto y tampoco tienen el poder de acabar con tu salud.

Un poco de azúcar no causa diabetes, los lácteos no causan inflamación crónica, el gluten no hace que engordes, es el abuso de ellos lo que daña. Si observamos bien, de la misma manera, si abusas de la comida saludable engordarás, fastidias tu insulina en sangre debido al atracón o a ese comer de más y estarás hinchada y reteniendo líquidos.

DEBEMOS **QUITARLE** **ETIQUETAS** A LA COMIDA

Fearless Wisdom

Es lo más importante que debí hacer para reclamar mi libertad alrededor de ella. Las que somos adictas a la comida lo somos por controlar. Es la adicción primaria.

Piensa en qué área de tu vida eres adicta a controlar. Para el ego en las mujeres el área favorita a manifestarse es en la dieta y en tu cuerpo físico. Mientras sigas obsesionada por controlar tu comida, seguirás prisionera de ti.

Si la comida, la dieta y tu cuerpo han sido causas fuertes de sufrimiento en tu vida, llegó el momento de ponerle un **STOP** rotundo.

LOS ATRACONES SON NATURALES EN LAS **MENTES RESTRICTIVAS**

Fearless Wisdom

Si te encuentras comiendo compulsivamente, debes comprender que lo que te ha llevado a abusar de la comida es tu falta de flexibilidad y rigidez. ¿Te das atracones de todo lo que normalmente te prohíbes? Es normal. No estás enferma y no necesitas medicamentos. El abuso de la comida es un efecto secundario, entiéndelo así.

Empieza por ser mucho más flexible en tu vida. Libera el perfeccionismo y la rigidez.

LAS MUJERES MÁS SANAS QUE CONOZCO, QUE ESTÁN FIT Y SON FELICES, SON **COMEDORAS IMPERFECTAS**. ♡

Fearless Wisdom

Agarra tu diario y contesta las siguientes preguntas:

1. ¿En qué área de mi vida necesito flexibilidad?

Piensa en las áreas de tu vida en las que te sientes frustrada y estresada. Son áreas que te causan tensión. Si hay tensión eventualmente te "romperás", entonces empieza por tener consciencia de tu rigidez.

Esto no tiene que ser necesariamente en el área de la comida – aunque es la más popular– puede ser también en tu relación de pareja. A lo mejor controlas excesivamente a tu marido, a tus hijos o tu carrera profesional.

2. ¿Cuáles serían dos pasos que puedes llevar a cabo hoy para ser un poquito más flexible ahí?

Sin acción no hay cambio. Una vez que hayas identificado las áreas en las que eres sumamente rígida crea tu plan de acción, escribe en tu diario dos cosas que puedes hacer hoy para empezar a cultivar la flexibilidad en estas áreas.

Por ejemplo, en el área de la comida, puede ser que te des permiso de comerte algo que te gusta muchísimo tres veces por semana en vez de hacer una dieta súper estricta y después atascarte el fin de semana. Cambias ese "atasque" por moderación, así te das permiso de disfrutar esas comidas que sólo comes unas veces a la semana.

Ábrete a la flexibilidad y verás cómo surgen los milagros en tu vida.

LECCIÓN 7

Proyectamos en otros nuestras sombras no reconocidas

Hace unos años salí con un chico en España. Era realmente increíble como persona, pero desde el primer momento sentí rechazo hacia él. No sabía por qué, simplemente, sin que me hubiera hecho algo; no sólo lo rechazaba también lo juzgaba.

Para entonces sólo éramos amigos, pero mi ego ya estaba muy activo proyectando en él mis más de 50 sombras no reconocidas. Llevaba en el camino del desarrollo personal años, había trabajado mucho en mí y siempre pensé que tenía consciencia absoluta de mis defectos de carácter.

Estaba equivocada.

Y mi relación con ese niño estaba a punto de revelármelo.

Un curso de milagros dice que todas las relaciones en nuestra vida son tareas que nos impone el universo para sanar y evolucionar. Esta sería una de las tareas más grandes que enfrentaría.

Aun con el rechazo que sentía, desarrollé y formé una relación padrísima con él. Semanalmente compartíamos lecciones profundas y valores, una visión para conectarnos a un nivel muy profundo. En lo exterior este joven era todo lo opuesto a lo que yo deseaba, su físico distaba muchísimo de mi ideal. Sin embargo, sin entenderlo, me relacioné con él.

Me di cuenta de que todos los juicios que tenía de él, eran dictados por mi ego, y durante un tiempo fui pasiva y agresiva, lo atacaba "diplomáticamente" porque veía en él cosas que me fastidiaban.

De entrada, traía un pleito con su físico (para variar), después también eché pleito con su manera de hablar, creo que hasta analicé su apellido para ver si era lo suficientemente bueno para ponérselo a mi futuro hijo.

Por supuesto, toda esta batalla era interna, jamás le dije nada directamente, aunque la pasiva–agresiva que había en mí a veces encontraba alivio haciéndole comentarios "diplomáticos" que lo lastimarían: lastimarlo me hacía sentir mejor, era el patrón de una personalidad pasiva–agresiva de la cual hablaremos en la próxima lección.

HOY TENGO LA CERTEZA ABSOLUTA DE QUE SI QUIERES **CONOCERTE REALMENTE** DEBERÁS CONOCERTE A TRAVÉS DE TU HERMANO.

Fearless Wisdom

Gracias al cielo, al mismo tiempo estudiaba *Un curso de milagros* y escuchaba a mi mentora, Marianne Williamson, quienes diariamente me recordaban que toda proyección hacia este chico era una sombra mía no reconocida.

¡Qué frustración! ¡Yo quería que él fuera el culpable!

Nuestras sombras pueden causarnos mucha culpa y vergüenza y ser tan difíciles que en verdad haremos **TODO**, pero **¡TODO!** por no verlas. Es mucho más fácil verlas en los demás que en nosotros. Pero cuando somos estudiantes de un camino espiritual aprendemos que no podemos darnos el lujo de juzgar porque lo que te hago a ti, en realidad me lo hago a mí.

Cuando juzgamos a otra de superficial, gorda, fea, pobre o tonta, en realidad nuestros juicios pocas veces tienen que ver con la persona a la que señalamos; la película que proyectas a través de tu vida y tus interpretaciones de los acontecimientos cotidianos, hablan de cómo eres por dentro.

UNA VEZ QUE ESTÁS EN EL **CAMINO** DE LA **CONSCIENCIA,** YA NO PUEDES PERMANECER DORMIDO E IGNORANTE. ◄♥►

Fearless Wisdom

No es algo personal. Si eres una persona feliz vivirás feliz y verás un mundo feliz.

Si eres una persona con baja autoestima, juzgarás así el cuerpo y la apariencia física de toda persona que se cruce en tu camino, y como mujeres somos feroces. Cuando internamente creemos que no somos suficientes, nos volvemos una máquina de juicio y comparación con las demás a nuestro alrededor. Esto definitivamente es mucho más común entre mujeres que en hombres. Comparamos mucho nuestros cuerpos, dinero y status. Ah, y en esta nueva era, por supuesto "cuántos *followers* y *likes* tienes". Obvio, tu cuenta de Instagram, *in this day and age*, te define.

Pero eso no es real, no es que tu compañera de trabajo tenga mejor o peor cuerpo que tú, eso es una ilusión; lo que pasa es que ella es tu espejo más fiel mostrándote que al final del día la que siente que su cuerpo no es suficiente y la que necesita cambiar eres tú.

SI TE ENCUENTRAS CONSTANTEMENTE **JUZGANDO** EL CUERPO DE OTRAS MUJERES, ES UN INDICADOR DE QUE NO ESTÁS CONFORME CON **TU PROPIO CUERPO**.

Fearless Wisdom

Es muy difícil aceptar que somos responsables de todo lo que vemos y percibimos. Y es todavía más difícil aceptar que lo que veo en el otro, bueno o malo, es en realidad una parte de mí.

Por ejemplo, una de las cosas que más juzgaba en ese joven era su edad, porque era menor que yo. Pensaba que estaba "muy verde" "muy chiquito para una mujer como yo". Y constantemente en nuestra relación veía claramente, según yo, en todas sus actitudes algo que lo hacía parecer un niño.

Con el tiempo ambos tomamos la decisión de que la forma en que llevábamos nuestra relación no era lo que ninguno de los dos quería. Él quería un compromiso y yo una relación abierta. Intentamos un noviazgo, aguanté una semana y lo corté.

Cuando decidí terminar esa relación, durante nuestro último café me di cuenta que quien estaba verde era yo. Porque le decía cosas como: "Me pasé una década enfocada en sanar mis adicciones, mi pasado y mis desórdenes alimenticios; siento que apenas conozco mi vida sobria, apenas estoy conociendo quién soy en realidad, cuáles son mis valores, qué me importa en verdad y qué no. En cuanto a un hombre, tengo una lista de las cosas que me gustarían, pero necesito probar y vivirlas para tener certeza. Por esta razón no puedo comprometerme contigo, porque lo que amo de ti, no sé si son cosas que serán prioritarias para mí en una relación."

Él, claro, era menor, pero con una visión y certeza absoluta de lo que quería. Me quería incondicionalmente. ¿Y yo? Confundida.

LA MADUREZ ES **COMPROMISO**, **CLARIDAD** Y **DECISIÓN**

Fearless Wisdom

La inmadurez es confusión, berrinche e indefinición. Cuando somos adolecentes apenas empezamos a definirnos como personas, como individuos, y yo, a mis 30 años, apenas entraba a esa etapa.

¿Quién era la "verde" ahora?

Era una sombra que no estaba lista para aceptar: **TODO**, menos eso, por favor, pero si realmente quería tener una relación con una pareja más allá de mis sueños, debía aceptar esa sombra de mí y trabajarla.

Lo hice.

Ahora te guiaré para que amorosamente encuentres tus sombras y las transformes con estos tres pasos súper simples:

OJO: ESTO NO ES PARA QUE TE SIENTAS MAL Y CULPABLE, AL CONTRARIO, TE DARÁ PODER Y ABSOLUTA LIBERTAD PORQUE ESTARÁS DESBLOQUEANDO LO QUE TE IMPIDE SER LA PERSONA INCREÍBLE QUE EN REALIDAD ERES.

1. *Ábrete a ver tus sombras.* Para realmente ver esas cosas de ti que te bloquean, por no ser reconocidas, es importante tener apertura y decir: "Estoy dispuesta a verlo", porque te hará más receptiva a esos espacios de ti que llevas tantos años sin ver.

2. *Monitorea tus juicios diarios.* Debes volverte una testigo diligente de cada momento en que hagas un juicio respecto a alguien. La próxima vez que te encuentres criticando a una persona escribe lo siguiente en tu diario:

¿Qué me molesta de esta persona?
¿Por qué me irrita tanto?

Si estuviera dispuesta a ver esos defectos en mí, ¿de qué manera los manifiesto conmigo o con los demás?

3. *Mantente dispuesta a verlo, aceptarlo y transformarlo.* Tener sombras no te hace mala persona, ni débil, te hace humana.

Lo que realmente nos hace "malas" personas y "débiles", es hacer todo lo humanamente posible para no verlas y permanecer "dormidas." Proyectarlo en todas las personas porque nos volvemos máquinas de ataque energético (aunque seas muy educada y diplomática), y nos volvemos débiles cuando no tenemos la capacidad de ver esas sombras y las reprimimos.

Repítete esta afirmación de *Un curso de milagros* durante todo el día:

Ante todo estoy dispuesta a ver.

LECCIÓN 8

Te amo pero te odio

EL ODIO DIPLOMÁTICO Y EL SARCASMO "DIVERTIDO"

"Siento la necesidad de lastimar a esta persona para sentirme bien. Es como si mi cerebro hubiera aprendido a atacar para tener cierta liberación de algo. Después de que la ataco diplomáticamente me siento mejor"

Así empecé mi diario hace unos meses. Me sentía absolutamente frustrada porque mis relaciones personales eran un fracaso. No lograba tener relaciones significativas, plenas y duraderas. Siempre el drama abundaba de mayor o menor manera y no entendía muy bien por qué.

Esta situación llegó a ser tan grave que me senté a estudiar qué en mí manifestaba estas circunstancias de amor/odio con las personas que quería una y otra vez.

No sé cómo me llegó a la cabeza: "Coral, eres pasiva–agresiva."

Recurrí a uno de mis ángeles más fieles: Google. Encontré un artículo buenísimo que me cayó como anillo al dedo. Lo que compartiré a continuación lo aprendí de este blog: lamenteesmaravillosa.com, no son términos que yo me inventé pero sí los personalicé a mi manera para comprenderlos. Trataré de explicarlos con mis palabras.

Personalmente me identifiqué con todo lo que vas a leer. Recuerda que esta manera de ser no se limita únicamente a tu relación de pareja (aunque ahí es donde más se proyecta), también en la relación con tus hijos, tus padres y colegas de trabajo.

A continuación unos *Fearless Wisdom* que te harán saber si tú o alguien de tu familia utiliza este método de comunicación:

EL PROBLEMA MÁS GRANDE QUE TIENEN ESTAS PERSONAS ES EL DE LA COMUNICACIÓN. **NO EXPRESAN.**

Fearless Wisdom

Suelen acumular muchas emociones, sobre todo de enojo y juicio que, reprimidos, se transforman en furia interna, en "ataques diplomáticos" –resultado de un gran resentimiento oculto por años– generalmente hacia la gente más cercana a nosotros. Fracasan rotundamente en expresarse, no lo declaran y se quedan en su historia interna creando mucha ira y rabia.

Aprender a comunicarnos y expresarnos de una manera saludable sucede en la infancia. Lo aprendemos de la manera que las figuras más importantes en nuestras vidas (en la mayoría de los casos, nuestros padres) se comunicaban con nosotros.

Es normal. Hablas español porque tus papás hablaban español ¿correcto? Igual con la comunicación y sana expresión. Cuando fuimos educados en hogares en donde jamás se hablaba de los sentimientos, todo siempre aparentaba estar "bien" y se reprimían emociones, es normal que se desarrolle esta manera de expresión. Es algo que yo hasta la fecha sigo sanando.

LAS PERSONAS **PASIVAS AGRESIVAS** NO SON UN "PERFIL" PSICOLÓGICO, TAMPOCO ES UN TRASTORNO, ES UNA **FORMA** DE **COMUNICACIÓN.**

Fearless Wisdom

Literalmente ser pasivo agresivo es una manera —destructiva— de expresar lo que sientes.

Aquí se pone buena la cosa. ¿Por qué las personas que desarrollamos esta forma de comunicación no expresamos lo que realmente sentimos y elegimos "reprimirlo"?

PORQUE ACTUAMOS BAJO LA FALSA HISTORIA DEL **EGO**: "NO QUIERO **LASTIMAR** AL OTRO", "NO SE VAYA A **SENTIR MAL**", "NO SE VAYA A **OFENDER**"

Fearless Wisdom

Entonces huimos de la relación, por miedo, por no tener la capacidad de enfrentarlo y –más importante– *por evadir el conflicto*.

En México tenemos el mal de "es una familia conservadora", para siempre aparentar que en nuestras familias no pasa nada. Escondemos los problemas que un miembro de nuestra familia pueda tener, lo negamos y elegimos no verlo. Cuando hacemos esto de manera constante no hay comunicación jamás. Cuando crecemos en este tipo de familia, con padres que se hacen de "la vista gorda", todo el tiempo se crea un desastre interno en la persona afectada – en este caso los hijos. Como se evade el conflicto, en este tipo de relaciones se acumula mucha insatisfacción interna, y mucho resentimiento que, eventualmente, acaba siempre saliendo en forma de manipulación y castigos pasivos sutiles en contra de las personas que uno a veces más quiere.

Era lo que me pasaba con este chico. Como no tenía el valor de decirle realmente lo que me disgustaba y molestaba de él, mejor aplicaba el sarcasmo para hacérselo saber de "broma". Pero son bromas muy agresivas, el sarcasmo desgarra el alma.

El idioma del sarcasmo lo aprendí en mi familia, y mi familia en su familia, y así de generación en generación. Por lo que no hay culpables, pero debemos tener consciencia de cuál es nuestra forma primaria de comunicación.

EL **SARCASMO** ES UN HIJITO "DIVERTIDO" DEL LENGUAJE **PASIVO AGRESIVO**.

Ahora pasemos a estudiar las armas favoritas del lenguaje pasivo agresivo.

→ **LA LEY DEL HIELO.** Una cualidad brutal de este método de comunicación es la manera de utilizar el silencio para castigar. Esto es, por ejemplo, cuando le preguntas a esa persona algo así: "¿Cómo estás?" Y te responden "bien", a secas, pero con una energía de rabia y furia que puedes sentir a kilómetros de distancia.

→ **INDIFERENCIA.** Cuando se sienten heridos por ti puedes esperar que a partir de ese momento te empiecen a ignorar por completo. Literal, te vuelves un cero a la izquierda en la vida de estas personas, "aparentemente", pues quizá por dentro están hechas una furia y te están castigando.

→ **RETIRAN SU PRESENCIA.** Puedes tener enfrente el cuerpo de la persona pasiva agresiva, pero ésta se cierra y se va de su cuerpo, dejando una energía helada en el cuarto. Dejan de ser parte del "grupo" y en su posición de falso poder se ponen a juzgar a los demás. Evitan la conexión y se aíslan en su burbuja de perfección en donde, por supuesto, "todo mundo está mal"... menos ellos, claro.

→ **TE IGNORAN POR COMPLETO.** Fingen que están distraídas. Se esconden muy seguido atrás de su celular para evadir conexión contigo. El WhatsApp, Instagram y demás son de los favoritos de estas personas. No son capaces de voltear a verte a los ojos ni para hablarte, si van en el coche están viendo a la ventana, si estás en un lugar público se distraen en lo que sea, todo para manipular la situación y hacerte sentir mal. Si les hablas se hacen las que no te escucharon y la verdad es que no te pelan.

→ **DISIMULAN SU ENOJO.** Otra estrategia muy común. Sabemos que están molestos por algo, sin embargo dicen que no es así. Levantan un muro donde evitan cualquier conversación diciendo que "están bien" pero es evidente que no lo están.

→ **SON HÁBILES ARTISTAS DEL SARCASMO.** No dicen qué les pasa pero son implacables para el sarcasmo. Si sabes qué es el sarcasmo ¿verdad?

El sarcasmo, de acuerdo con Google, es: dicho irónico y cruel con que se ridiculiza, humilla o insulta a una persona.

¿Recuerdas que te dije que el sarcasmo es hijito del lenguaje pasivo agresivo? Pues es justamente esto. Es básicamente una persona que diplomática y finamente te entierra el cuchillo.

HUYE COMO LA PLAGA DE ESTA GENTE.

Porque a través de este método de comunicación te atacan y te lanzan pequeñas flechas a tu autoestima, a tu equilibrio e integridad.

OK. A lo mejor tú, mi hermosísima lectora, acabas de caer en cuenta que tienes estos rasgos de personalidad.

Tranquila, yo lo descubrí también. Mientras leía el artículo de ese blog le puse una palomita a todos los rasgos.

Tu consciencia es lo más importante. Ahora recuerda, **TÚ NO ERES PASIVA AGRESIVA**, sólo aprendiste a comunicarte así, tal vez gracias a tu familia o debido a tu entorno.

Lo único que tienes que hacer ahora es agarrar tu diario y anotar lo siguiente.

1. ¿De qué maneras soy pasiva – agresiva?
2. ¿Con quién soy pasiva – agresiva?
3. ¿Con quién me siento enojada y por qué no le he dicho nada?
4. ¿Por qué no me atrevo a decir lo que siento?

Una vez que hayas respondido a estas preguntas, guapa, tendrás un mapa súper claro de la manera en que este método de comunicación ha afectado tu vida y tus relaciones.

Créeme, hay una manera mucho más estratégica y afectiva de expresarnos. La gente a tu alrededor no tiene por qué ser tu *punching bag*. Hay maneras saludables de expresar tu enojo. Hay que aprender a tener maestría de nuestras emociones, pues son totalmente normales. Recuerda que pelearte por no sentir lo que sientes sólo exacerba esa emoción, así que haz las paces con tu mundo emocional y aprende a **EXPRESARLO**.

Y si tú eres la que ha sido agredida por personas que utilizan este método de comunicación, no fue broma cuando te di el consejo de huir. Aléjate de ellas, porque en verdad, este lenguaje poco a poco desgarra el alma.

A mí me lo hicieron por años y pagué con mi autoestima.

No permitas que te suceda lo mismo, aun si es un miembro de tu familia.

Primero estas tú, aprende a poner límites.

LECCIÓN 9

Quítate de tu propio camino

"POCAS COSAS SON SEGURAS EN ESTE MUNDO, PERO LA GENTE RARAMENTE FRACASA; SIMPLEMENTE DEJAN DE INTENTARLO. EL CAMINO A LA FELICIDAD SIEMPRE ESTÁ EN CONSTRUCCIÓN. CUANDO LA DISCIPLINA Y LA PACIENCIA UNEN FUERZAS, SE CONVIERTEN EN PERSISTENCIA. LA PERSISTENCIA LOGRA EL OBJETIVO. PROCESO, PACIENCIA, Y PERSISTENCIA SON LAS LLAVES QUE ABREN LAS PUERTAS DE CUALQUIER DESTINO."

DAN MILLMAN

¿Tienes algún hábito, patrón o comportamiento que repites y parece casi imposible de romper y superar?

- Tal vez te atascas con helado (sin azúcar, obvio) en las noches.
- Tal vez sea otro intento fallido de terminar con esa relación.
- Tal vez sigas comprando sin necesidad.
- Tal vez sigas adicta a restringir y controlar tu comida.

- Tal vez no puedes evitar decirte "gorda" cuando te ves al espejo.
○ Tal vez no te atreves a ser honesta por miedo.

Sea lo que sea, la mayoría tenemos por lo menos uno, o más viejos patrones en nuestra vida que no nos hacen ningún bien.

Entonces, ¿cómo los rompemos? Algunas llevamos tanto tiempo en esta lucha que puede parecer imposible salir, pero déjame asegurarte que *no lo es*.

PUEDES LIBERARTE DE LOS PATRONES QUE TE DETIENEN.

Y cuando lo haces, entras a un mundo nuevo. Un mundo de aprendizaje, de abundancia, lleno de amor, alegría y recuperación.

Durante las últimas semanas he recibido muchas preguntas de mis alumnas:

¿Cómo dejo de comer en exceso? ¿Cómo dejo la obsesión por mi cuerpo? ¿Cómo rompo viejos patrones que me detienen?

Si te has estado preguntando esto, te voy a dar la solución. La respuesta corta es la siguiente:

PARA ROMPER CON PATRONES NECESITAS, ADEMÁS DE UNA FUERTE PRÁCTICA ESPIRITUAL, UNA INTERRUPCIÓN DE PATRÓN.

Todo el caos alrededor de la comida, sea comer compulsivamente, hacer dietas extremas, sentir ansiedad alrededor de la comida, comer en exceso, restringir, etcétera, etcétera, aunque les dicen enfermedades, realmente sólo son patrones de conducta o herramientas.

Y si no estás segura de qué es un *patrón*, permíteme definirlo para ti, es muy importante que sepas y estés consciente de esto:

UN PATRÓN ES UN COMPORTAMIENTO INCONSCIENTE (ES DECIR, TÚ NO SABES QUE LO TIENES), IRRACIONAL (O SEA, NO TIENE SENTIDO LÓGICO) Y SE BASA EN ALGÚN TRAUMA DE TU PASADO QUE DESARROLLASTE Y HOY TE IMPIDE AVANZAR.

Los impulsos por comer compulsivamente, por ejemplo, atracones y demás, son básicamente patrones de conducta y se experimentan en el cuerpo. Son una respuesta automática a cualquier problema o estrés.

Todos hemos experimentado un trauma en nuestras vidas, en mayor o menor medida todos tenemos heridas. Heridas creadas por una sensación de soledad, por no habernos sentido seguras, protegidas, amadas.

Si algunas de tus necesidades primarias no fueron cubiertas satisfactoriamente por tus padres, es muy probable que hoy tengas traumas, es normal y no estás sola. Somos muchas así.

Lo importante hoy es ¿qué vas a hacer con eso?

Es fundamental recalcar que un trauma no necesariamente tuvo que haber sido extremo para que tu inconsciente lo almacene. A esto me refiero que no necesariamente tuvo que ser una violación sexual, un accidente en el auto terrible, que te hayan golpeado horrible o cosas, que no le deseo a nadie, por el estilo.

Todos experimentamos traumas en distintos niveles, desde un abuso sexual, hasta que tu papá fue tarde por ti a la escuela un día y te sentiste abandonada.

PARA EL CEREBRO, TRAUMA ES UN TRAUMA

Por lo tanto, es un error común pensar que el "trauma" de otras personas es más importante o fuerte que el tuyo. **ERROR GARRAFAL.**

LA FORMA EN QUE TE SIENTES ES VÁLIDA

Entonces, ¿cómo romper un patrón tan fuerte como son las adicciones y una alimentación desordenada, que son casi una respuesta automática e inconsciente?

ES IMPERATIVO RECONOCER ESTOS PATRONES Y TENER UN **PLAN ESTRATÉGICO** PARA LIDIAR CON ELLOS.

Fearless Wisdom

De lo contrario, recaerás siempre y seguirás frustrada, estresada.

En esta lección me enfocaré en hablar de patrones específicamente relacionados con la conducta de alimentación, pero puedes perfectamente seguir la lectura y sustituir "relaciones destructivas" o "comida" por "sabotearte" o "huir". Encuentra tu patrón *and follow along.*

El objetivo no es ser indulgente con estos patrones sino romperlos, sanarlos y trascenderlos.

Paso 1. Identifica el patrón. El primer paso es admitir que tienes un patrón. Por ejemplo, comer en exceso en la noche, comer cosas que te hacen sentir culpable, comer hasta que te sientes mal físicamente, atacar tu cuerpo, decirte gorda, aislarte de los demás, etcétera. Sea lo que sea, lo primero es decir: **ESTE PATRÓN EXISTE**, este impulso irrefrenable está aquí.

Se puede sentir miedo de hacerlo porque hemos sido falsamente entrenadas a creer que si admitimos nuestros patrones, somos débiles y eso empeorará las cosas.

No reconocer un patrón es como querer construir un edificio con los ojos vendados. **BYE.**

Así que admite que lo tienes. ¿Dónde está? ¿Qué se siente en tu cuerpo? ¿De qué manera se manifiesta en tu vida?

Y luego…

Paso 2. Reconoce y no te enganches. Un patrón se debilita cuando se reconoce. Cuando dices: **"AJÁ,** ¡ahí estás!, te veo."

Cuando lo ves en automático su intensidad tiende a disminuir. Date cuenta de que tienes un patrón y no te enganches por sentirlo.

Para no engancharte, entabla un diálogo amoroso y sólo di "hola, ya te vi, ahí estás", y continúa tu camino, sin drama y sin película interna de terror.

Puedes también darle a tu patrón un nombre, que no sea el suyo. Yo llamo a uno de mis patrones "niña herida", así dejo de identificarme con él. Tienes ese patrón, pero ese patrón **NO** eres tú.

Ahora **OJO**, no te quedes analizando el patrón demasiado tiempo, si te encuentras hablando del patrón siempre y buscando a otras personas para validarlo, entonces te quedarás atorada.

El reconocimiento es esencial, pero no te puedes quedar ahí, debes dar el siguiente paso para romperlo. No lo pongas en el asiento del conductor, hazle saber que lo ves y lo reconoces, pero pasa la hoja. Déjalo ir.

Paso 3. Quítale la carga emocional. Una vez que descubres y ves el patrón del ego, llegó el momento de quitar toda la carga emocional que has asociado con él y esto significa que tienes que crecer. Significa que consigues "retomar tu poder".

Los impulsos y tu personalidad se resistirán a esto, el ego fabricó este patrón para "protegerte" pero debes mantenerte firme sin importar qué pase.

Sí, va a ser muy difícil, pues todo tu ser se ha vuelto dependiente de él. Aquí la clave está en tener absoluta consciencia de ese antiguo comportamiento. Es decir, si recaes, cambia la culpa por compasión. Estudia y hazlo consciente.

El recaer con consciencia le dará nueva información a tu cerebro y a tu mente. Te darás cuenta que en medida que has crecido y evolucionado, ese antiguo comportamiento ya no te llena ni te satisface como antes.

Cuando logras ver esto, todas las emociones y creencias que antes tenías de él se romperán y podrás asociar ese viejo comportamiento como algo "malo". Cuando logras hacer este cambio interno liberas por fin el patrón.

Repito, no se puede intelectualmente salir de un patrón de conducta.

Debes sentir una manera para salir de él.

CAMBIA **CULPA** POR **CURIOSIDAD**

Fearless Wisdom

Para mí, el viejo patrón de comer para darme compañía todas las noches a veces sale alrededor de las 7:00 u 8:00 p.m. y dura hasta las 9:30. Así que, en lugar de utilizar cada gramo de mi fuerza de voluntad para no comer, le pregunto a este impulso: "¿Qué necesitas ahora?" Por lo general, la respuesta es algo como "comodidad, placer o dormir."

Sé que tengo a veces esta "hora de terror" por la noche. Entonces diseño un ritual nocturno para interrumpir ese patrón con una experiencia emocional positiva más poderosa.

Por ejemplo, escribo, comparto con mi pareja, o hago un poco de meditación. También he descubierto la impresionante experiencia de hablar y expresar la verdad de todo lo que siento, y lo he hecho durante esa hora. Para esto asegúrate de estar en presencia de alguien que te ame profundamente y te brinde un espacio sagrado. No ventiles tu vulnerabilidad con cualquier persona, *be smart about it*.

Se trata de una actividad de interrupción a nivel emocional, diseñado para la hora en la que ese impulso tiende a salir en mí.

¡Ah!, también tengo un viejo patrón que piensa que los fines de semana "me merezco" comer todo lo que quiera por mis grandes esfuerzos de la semana…

Especialmente viernes y sábados por la noche.

Por lo tanto, me he vuelto mucho más consciente de cómo pasar esas noches. De hecho, en gran medida el peso que he logrado conservar estable hasta hoy se basa en que he hallado una manera de pensar, en la que como lo mismo sea lunes o domingo. He liberado el patrón de la dieta.

Así, pongo mucha atención en las tardes/noches de la semana y me aseguro de diseñar mis tardes con interrupciones emocionales de mis patrones.

Otras maneras de romper un patrón a nivel emocional son: Kundalini yoga, EMDR (método terapéutico para trastornos emocionales), ejercicio, masaje, meditación, ir a una reunión de 12 pasos, estar en la naturaleza, hablar con tu coach, un terapeuta, ir a un retiro o asistir a un seminario. Si quieres quitarle la carga emocional a un patrón, esto es lo que debes hacer.

Ahora vamos al siguiente paso.

Paso 4. Conviértelo en un acto de Amor y Servicio. Los impulsos son básicamente una parte de nosotras mismas, un trauma que necesita ser sanado.

Es como si estos impulsos gritaran pidiendo atención y curación. Una de las mejores maneras de curar el patrón a largo plazo es servir a los demás.

Comencé con el primer blog en coralmujaes.com, con un montón de heridas.

Yo todavía no estaba del todo recuperada, y en vez de seguir en esa cárcel de perfeccionismo decidí servir a los demás compartiendo lo que me había ayudado a salir adelante.

Canalicé mi perfeccionismo interno en obras de amor con propósito.

Utiliza la energía de esos patrones y esos impulsos en ayudar a otros y crear algo increíble, algo mucho más grande que tú.

Así que dona tu tiempo, escribe un blog, llama a una amiga en necesidad. Perdona a tu familia. Encuentra a alguien para ayudar. Hay un dicho que dice: *"When you feel helpless, help someone"*, o sea "Si te sientes desamparada, ayuda a alguien". Nada es tan sanador como ayudar a aliviar el sufrimiento de los demás.

Este es el poder de 12 pasos y plataformas grupales como mi membresía en linea "Love Circle" love.coralmujaes.com, programas impulsados por una comunidad poderosa.

No necesitas esperar a tener millones de seguidores para ayudar a alguien. Literalmente, ayuda a la próxima persona que veas. Ofrece comprar su súper ese día o dales una sonrisa o un cumplido.

No hay escasez en la necesidad de ser amables y dar servicio hoy en día, créeme.

Sé una persona incondicionalmente amable. No sólo para gente como tú. Sé amable con aquellas personas que normalmente juzgarías (si juzgas a otras personas, está bien, hoy rompe el patrón).

Si abres los ojos, verás hoy al menos diez oportunidades justo delante de ti.

Estos son los Cuatro Pasos de la receta para romper con los patrones que tienden a dominarnos, esos molestos patrones que te detienen y sabotean tus objetivos. Ahora te toca a ti...

Acuérdate que sin acción no hay cambio. Para actuar y hacerlo verdadero hoy, escribe en tu diario:

1. *¿Qué patrón de conducta voy a identificar/reconocer?*
2. *También dime: ¿Cómo trabajaré para neutralizarlo hoy? Y ¿qué puedo hacer hoy para convertir esa energía adictiva en una obra de amor?*
3. *Crea un tiempo en tu horario para interrumpir el patrón. Planea y ve a una clase de Kundalini yoga durante la hora del "terror", medita con amigas, contrata a una coach o a un terapeuta.*
4. *Haz un acto de generosidad con las siguientes dos personas que encuentres hoy.*

Haz un depósito significativo en tu cuenta de Obras de Amor.

Romper estos patrones es un proceso. Por lo tanto, ser amable y paciente contigo es indispensable.

Esfuérzate por dar pequeños pasos de bebé cada día.

Tu mantra hoy es:

Un paso a la vez.

LECCIÓN 10

¿Por qué?

¿Tienes una razón lo suficientemente grande para hacer un cambio doloroso?

Dejar ir cualquier patrón requiere una absoluta certeza de que permanecer donde estás es más doloroso que hacer el cambio.

Realizar cualquier cambio te sacará de tu zona de comodidad, *siempre, garantizado.* Tendrás que ser expuesta a tus miedos más grandes, enfrentar tus creencias limitantes y, por supuesto, hacer cosas diferentes.

¿Qué requiere realmente hacer un cambio?

Es como hacer un proyecto. Necesitas preparación y un plan de acción. La mayoría de la gente fracasa queriendo hacer cambios nada más con buena voluntad.

La voluntad es muy buena pero no basta, se requieren otros ingredientes para hacer un cambio real y duradero.

Piensa en algún cambio que quieras hacer. Por ejemplo, dejar de decir mentiras, recuperarte de la adicción a la comida, a controlar, levantarte más temprano, dejar de procrastinar. Sea cual sea la razón por la que quieres cambiar, empieza por cuestionarte acerca de aquello que deseas cambiar.

Trae tu diario, haremos un ejercicio juntas. Yo lo haré contigo para que te guíes por mis respuestas y luego hagas las tuyas. Recuerda: sé honesta y profunda.

CONTESTA: *"¿Qué cambio quiero hacer en este momento en mi vida?"*
CORAL: En mi caso, uno de los cambios más grandes que hice en mi vida fue dejar de utilizar la comida como fuente principal de placer.

TU: *"¿Por qué quiero hacer este cambio?"*
CORAL: Porque necesito un cuerpo sano para cumplir mi misión en este planeta, porque quiero utilizar ese tiempo en proyectos creativos y porque no está en alineación con la mujer que quiero ser.

TU: *"¿Cuál es el dolor que implica quedarme en él?"* (Aquí asegúrate de desarrollar tus respuestas. Por ejemplo si escribes "se acaba mi salud" asegúrate de escribir de qué manera se acaba tu salud, escribe cosas tangibles). Guíate con mis respuestas.
CORAL: Pierdo mis metas, autoestima, tiempo, dinero y salud. Si pierdo mis metas no seré la mujer que deseo, me sentiré deprimida y con ansiedad, vacía. Sin autoestima jamás brillare auténticamente y jamás seré feliz. Sin salud jamás podre tener una familia, emprenderé mis negocios ni escribiré, que es mi pasión. Y, por supuesto, mi deseo de sentirme fuerte, ágil y guapa se verán saboteados.

TÚ: *"¿Cuál es el dolor que implica salir de él?"*
CORAL: Sentarme con el impulso de comer, con el malestar y la incomodidad, empezar a sentir mis emociones, practicar la

abstinencia y todo lo que tenga que ver con ella por un tiempo, tendré que dejarme guiar y soltar el control, pedir ayuda, buscar otras fuentes de placer.

TÚ: *"¿Qué dolor elijo pasar?"*
CORAL: Elijo pasar por el dolor del cambio un día a la vez, un momento a la vez.

Como ves, tus respuestas te darán mucha luz sobre lo que implica hacer ese cambio. Esto te será de muchísima ayuda y sabrás de antemano qué esperar y estarás lista para afrontarlo.

Asegúrate de buscar ayuda y el equipo necesario para que te apoye. Jamás, **JAMÁS**, hagas algo sola, "comparte la carga".

Te aseguro que alguien más ya hizo el cambio que quieres realizar y sabe cómo hacerlo exitosamente. No quieras hallar el hilo negro.

Por ejemplo, en mi caso, busqué mentores y personas que ya hubieran pasado por una adicción a la comida y al mismo tiempo se mantuvieran en forma y, sobre todo, felices. Para mí no bastaba no tener una obsesión por la comida, yo no estaba dispuesta a dejar ir mi deseo de sentirme fuerte y ágil. Pero sí mis métodos. Así que les pedí que se convirtieran en mis maestros y apoyo en ese camino.

Sí, lo intenté varias veces sola y fracasé rotundamente. Esto suele pasar cuando somos mujeres perfeccionistas y súper exigentes con nosotras mismas. Lo entiendo, es parte de la personalidad, pero ahora pregúntate si esa parte de ti te ha llevado a donde quieres ir.

Si estás leyendo este libro es muy probable que no. A lo mejor eres muy exitosa en algún área de tu vida pero siempre hay otra que permanece en las sombras y probablemente la mantienes secreta.

No tienes que revelarle al mundo lo que te pasa, pero necesitas ser honesta con tu mentor.

LA **HONESTIDAD** TE HARÁ **LIBRE**.

 Fearless Wisdom

Una vez que tienes claro el dolor que implica hacer ese cambio y estás dispuesta a pasar por él, habrás liberado todos los bloqueos internos que hasta hoy te han impedido lograrlo.

Practica la honestidad hoy.

LECCIÓN II

Si no te presentas a tu lección, tu lección se presentará a ti

Un curso de milagros dice que todos estamos aquí como estudiantes, que nuestra vida es un currículum y nuestras relaciones interpersonales son "tareas." Éstas y todo lo que pasa en nuestra vida es parte de ese currículum y se convierten en pequeñas lecciones que debemos aprender.

Las lecciones a las que se refiere el curso son literalmente lo que nosotros consideramos nuestros problemas, nuestros retos y esas partes de nosotros y de la vida que nos cuesta mucho trabajo superar. Algunas veces somos conscientes de esto y elegimos trabajar en ellas y otras, la verdad, preferimos no verlas, bloquearlas y huir. Esto es 100% válido y 100% entendible. El curso enseña que somos libres de elegir en qué momento de nuestra existencia queremos aprender la lección para que por fin deje de presentarse en nuestra vida.

Toda lección tiene un propósito y es que recuerdes quién eres y regreses a casa, a ese espacio de paz, felicidad y tranquilidad absoluta que por nacimiento te corresponde y que con todas las capas de ego y personalidad han sido bloqueadas.

Es increíble el poder que tienen las lecciones, es como cuando tienes una relación con alguien y hay problemas de celos. Digamos que tú eres muy celosa con tu novio. Por supuesto, él es culpable de que te sientas así porque habla con otras chicas, sale con sus amigos, a veces no te contesta los mensajes y tiene las palomitas de "visto", o se va de fiesta y toma mucho. ¿Cómo se le ocurre?

Puedes estar así, en ese estira y afloja, digamos, un año, porque el ego aguanta muchísimo y es resistente como nada. Al final, eliges tronarlo. Te dices a ti misma que jamás volverás a salir con un "patán" como tu ex y que la verdad sí te equivocaste.

Pasa el tiempo y conoces a alguien. Empiezas a andar con esa persona que juras es diferente ¿y de repente? Esos celos vuelven a salir, te encuentras sufriendo una vez más, a lo mejor él es de otra nacionalidad, externamente distinto a tu ex pero lo que sientes cuando hace algo que tú no controlas es exactamente el mismo sentimiento de inseguridad y celos. Rápidamente concluyes que todos los hombres son iguales y cierras tu corazón.

¿Qué pasó?

El problema jamás fue tu chavo. El problema es que te negaste a trabajar en la lección que se te presentaba a través de tu relación con estos chavos. Por eso no importa cuántas veces cambies de novio, al final te parecerá que siempre todo es "igual". A lo mejor más bien te resignaste, con tal de no estar sola, a aceptar a un hombre así y sentirte así. A lo mejor ya llevas tanto tiempo que lo consideras "normal".

Pero hoy te tengo noticias, lo único que sucede es que, a través de tu ceguera espiritual, eliges huir de tu lección.

¿Qué pasaría si eligieras hacer frente a esos celos y asumir la responsabilidad ante tus sentimientos?

¿Qué tal si en lugar de apuntar al de enfrente por lo que hizo, amorosamente volteas a ver qué heridas en ti son activadas gracias al comportamiento de tu pareja para ser sanadas, cada vez que él hace algo y se prenden todos estos mecanismos de defensa? Los celos son un problema de la persona que los siente, no del que los "provoca", son inseguridad líquida, pero sería interesante averiguar por qué los tienes, ¿no crees?

Ahora bien, esto no significa que el comportamiento de tu chico esté bien, tal vez faltó a los acuerdos que han hecho de pareja, pero aquí lo importante es que asumas tu responsabilidad en:

1. ¿Qué de ti atrae ese tipo de personas?
2. ¿Cuál es la lección que el universo quiere que aprendas/sanes a través de los celos?
3. ¿Qué es lo que hay verdaderamente atrás de esos celos?

Él sólo está actuando como tu espejo y en esos momentos como tu maestro más grande.

No todo mundo reacciona de la misma manera ante ciertas circunstancias. Todos vemos las cosas de acuerdo con nuestra programación interna, desarrollada en nuestra infancia. Quizá tuviste un padre que abandonó a tu familia, fue muy exigente contigo o jamás cumplió su palabra. Esto explicaría muy bien por qué eres muy celosa. Quizá los mensajes que recibiste de chiquita te decían que no eras suficiente, que estabas mal y eso ha provocado que no puedas confiar en ti.

SI NO **CONFÍAS EN TI**, JAMÁS CONFIARÁS EN LOS DEMÁS.

♡ *Fearless Wisdom*

PERO ¿ADIVINA QUÉ? "EL **ERROR** PUEDE SER **CORREGIDO**, Y LO TORCIDO, ENDEREZADO"

Un curso de milagros

Si eliges presentarte a tu lección significa que estás lista para reconocer, ver y sanar esas heridas en ti. Por supuesto que duele sanarlas, pero debemos verlas y verlas a veces significa tener que recordar el pasado, revivir cosas dolorosas. El pasado funciona muy bien en este caso porque te permite comprender por qué tienes esa herida; sin embargo, el objetivo es que una vez que la hayas visto, la sanes y pases la hoja. Ahora sí, como dice el dicho: "A quién le importa entender por qué el elefante está en tu mano, sólo quítala".

Para presentarte en consciencia a tu lección de vida es indispensable que veas y tomes responsabilidad y después hagas el trabajo correspondiente para aprenderla. Entonces, sólo entonces, dejarás de manifestarla.

Ahora bien, para este ejemplo me basé en una relación de pareja porque son las lecciones más grandes de nuestra vida y donde generalmente tenemos más retos, pero estas lecciones están en tu vida en todas las áreas: con tus hijos, en tu carrera profesional, con tu cuerpo, en tu relación con la comida, con tus amigas, en tu relación con el dinero, en todas partes.

A continuación, te comparto la receta súper sencilla para que te presentes a tus lecciones de vida con gracia y dejes de manifestarlas una y otra vez.

1. Reconoce y Replantea. Cuando estés pasando por un problema en tu vida, reconoce que es una lección, una situación a la que debes cambiar el significado. Deja de percibirla como "problema" y empieza a ver tu situación como una oportunidad y demuestra apertura. En vez de quejarte sólo di: "Interesante, ¿qué puedo aprender de esto?" "Si esta situación está aquí para mí, ¿cuál es el mensaje?"

Deja de verlo como problema y empieza a verlo como lección.

2. Quédate. No huyas de tu lección, no importa qué tan incómoda sea. Para la gran mayoría de los seres humanos en el segundo en que algo se empieza a poner "difícil" encontramos magníficas razones para tirar la toalla y "abandonar el juego".

En el área de las relaciones se llama, por ejemplo, divorcio. ¿Nunca te has preguntado por qué las personas que ya se divorciaron una vez, casi siempre se vuelven a divorciar? Es porque huyen de la lección. *Stand your ground.*

No huyas, elige quedarte y enfrentarla.

❦

3. Toma responsabilidad y hazte las preguntas correctas. En el segundo que te sientas detonada por la lección, ve hacia tu interior, amorosamente, sin juicio, y hazte las preguntas correctas. Una incorrecta, por ejemplo, sería: "Qué horror, ¿por qué soy así?"; una pregunta correcta sería: "Interesante herida, esta situación me hace sentir celosa con intensidad, ¿cuál es el mensaje aquí?". Tú, por supuesto, sustituye "celosa" por la emoción que sientas en ese momento y verás que en silencio estarás abierta y dispuesta a escuchar la respuesta. Una vez que veas la razón esta emoción pierde su poder y puedes actuar de manera apropiada para sanar.

RECUERDA: CAMBIA EL JUICIO DE TI POR **CURIOSIDAD**.

♡ *Fearless Wisdom*

Tu lección está frente a ti ahora.

LECCIÓN 12

El miedo es tu brújula

El miedo es algo bueno porque es un buen indicador de la próxima cosa que debes enfrentar para tener un gran progreso hacia tu felicidad.

Sólo…

DESARMA TU MIEDO

Desarmar nuestros peores miedos y verlos de frente es muy difícil por varias razones.

1. Una parte en tu cerebro (la supervivencia) literal, siente que si lo enfrentas te vas a morir. Eso pasaba cuando en la antigüedad tenías que ir a cazar y se te aparecía un león. En ese caso, sé claro, **HUYE**, salva tu vida. Pero eso de encontrarte con un león, en este caso, está muy lejos de la verdad, así que tu miedo debe de empezar a tener un nuevo significado para ti.
2. El ego lo utiliza para mantenerte en tu zona de confort y te controla a través de él.

Los miedos, a menos que estés en peligro de vida o muerte, nos indican a dónde debemos ir.

Las mejores cosas de mi vida han significado enfrentar mis peores miedos. El miedo no es malo, jamás, tampoco se te pide que seas una persona sin miedo. Es normal y natural. Pero lo que he visto en mi propia vida y en la vida de cientos de chicas a las que he ayudado a crear una vida increíble, es que lo que más miedo les da es justamente lo que tienen que enfrentar para llegar a su objetivo.

Todos tenemos miedos personales, pero hay tres que son una plaga y son universales. Los peores son:

1. Hablar con la verdad.
   - De lo que pensamos.
   - De lo que sentimos.
   - De lo que nos pasa realmente (o sea, de nuestros retos o problemas).

2. Sentir.
   - Sentir nuestras emociones (a éste le corremos como Speedy Gonzales).
   - Sentir el dolor.
   - Sentir la incomodidad.
   - Y, aunque no lo creas, otro de nuestros mayores miedos es:

3. Soñar
   - Dejarnos soñar. Permitirnos desear lo que realmente queremos.
   - Creer que podemos tener lo que soñamos.
   - Es muy simple entender por qué tenemos muchísimo miedo a soñar. Y esto es porque:

EL **CÁNCER ESPIRITUAL** ES EL MIEDO AL FRACASO.

Fearless Wisdom

- De éste nadie se salva. Absolutamente **TODOS** experimentamos en nuestra vida, en mayor o menor medida, el miedo al fracaso.
- Créeme, *I feel you.*

Pero es realmente importante entender que el miedo no es malo. Tampoco significa que seas cobarde, absolutamente todos los seres humanos sentimos miedo. Sobre todo cuando estamos a punto de dar un gran paso hacia nuestra felicidad.

✿ *El miedo número 1: el miedo a hablar con la verdad*

¿Recuerdas un momento de tu vida en que te hayas sentido sumamente feliz? ¿Por qué? ¿Qué hizo que en ese momento te sintieras así?

A lo mejor estabas conectando con una persona que amas mucho (tuviste el valor de hablar con la verdad). Toda conexión profunda requiere que enfrentemos nuestro miedo de hablar con la verdad. Decir lo que realmente pensamos y sentimos. Da mucho miedo pero si alguna vez has sentido esta conexión mágica con otra persona es porque probablemente hallaste la manera de vencer ese miedo y hablaste con tu verdad.

Entonces, la razón por la que en ese momento fuiste sumamente feliz es porque enfrentaste tu miedo. No hay nada más auténtico y nada habla más de la fortaleza interna de una persona que expresar su verdad en todos sentidos. Sin embargo, esta virtud es saboteada constantemente por otro miedo, hijo de decir la verdad, que es "qué van a pensar de mí".

Este hijito del primer miedo a mí personalmente me saboteó por años todos mis sueños y mi recuperación. Yo viví la bulimia y mi adicción a la comida en total secreto por más de una década. Preferí seguir sufriendo a contarle a alguien que padecía bulimia y realmente, muy a pesar de mis esfuerzos, necesitaba ayuda. Esa fue para mí la prueba de fuego, hasta que toqué fondo. Ese fondo me llevó a elegir hacer las cosas de una manera diferente y *hablé con mi verdad*.

Ahora vamos contigo. Iremos profundo en cada miedo y te acompañaré a enfrentar tus miedos más grandes. Qué alivio no tener que hacerlo sola, estoy contigo en cada momento, acompañándote en este proceso.

¿En qué área de tu vida no dices la verdad? Identifica a esas personas a las que constantemente les dices mentiras o a las que no te atreves a decirles realmente cómo te sientes y finges que todo "está bien". ¿Por qué lo haces? ¿Qué temes que pase?

Jamás te darás cuenta lo mucho que ese miedo te ha mantenido prisionera a menos que elijas enfrentarlo y para esto el primer paso es convertirte en la testigo de tu miedo. Una vez identificada el área de tu vida donde no hablas con la verdad, la tarea es no juzgarte por eso, sino empezar a observarla. Observa tu miedo, nada le quita el poder a un miedo como el simple hecho de verlo.

Marianne Williamson, principal portavoz de UCDM, asegura que no nos hace débiles tener miedos, lo que nos hace débiles es hacer todo lo posible por no verlos, no sentirlos.

En tu diario escribe 3 situaciones en las que no eres completamente honesta.

1. ....

2. ....

3. ....

Una vez identificadas, al lado de cada una escribe tu miedo. Escribe la razón por la que no eres honesta. Esto aclarará el miedo que yace atrás de esa falta de honestidad. Recuerda que esto no te hace mala persona ni mentirosa. Es una forma de tener la ilusión de que te proteges, eso es todo. Es un pensamiento chueco, pero en cuanto estés dispuesta a ver tu miedo y ser la testigo amorosa de él, podremos desarmarlo.

Algo que puede ayudarte en este proceso amoroso es repetir esta afirmación:

Estoy dispuesta a hablar con la verdad.

Una vez identificado el porqué de ese miedo, repite y si es necesario escribe esta afirmación al lado de cada circunstancia y cada miedo.

Ahora sí, haz otra lista escribiendo tres maneras de empezar a enfrentar ese miedo y a decir la verdad:

1. ....

2. ....

3. ....

Por ejemplo, en mi caso, un área en la que jamás decía la verdad era sobre cómo me sentía en mi relación con una persona muy importante para mí. Cuando escribí por qué no podía aceptar esta verdad, me di cuenta que sentía que no tenía el derecho de sentirme así, que era débil, que no sería validada y, al contrario, sería severamente juzgada. Después empecé a estar abierta a decir la verdad, la afirmación que te acabo de dar ("Estoy dispuesta a decir la verdad") fue mi mantra, mi medicina y el antídoto a mis miedos. De ella me agarré para crear este cambio en mi vida y tomar acción. Después de 29 años de callarlo, le escribí una *heart felt letter* a esta persona y le expresé por primera vez honestamente cómo me sentía. Y así, poco a poco fui diciendo la verdad en todas las situaciones, aun si me daba miedo, aun si me sentía insegura, aun si sentía que la que estaba mal era yo por sentirme así. En esa afirmación encontré una fuerza que jamás creí tener. Agárrate de esta afirmación todos los días y en cada momento que te sientas tentada a ocultar tu verdad, tu opinión, tu manera de ver las cosas.

Tres maneras en las que empezaré a decir la verdad:

1. ....

2. ....

3. ....

Jamás podrás ver lo increíble y lo valiosa que eres si sigues pretendiendo ser alguien que no eres. Mucho de lo que te hará irresistible son tus imperfecciones. Son tus luchas internas, de las que no quieres hablar, y es lo que despertará gran admiración y respeto en la gente. Las personas te admiran por lo que has pasado y te respetarán por la gran fortaleza que tienes de sanar tus heridas. Pero jamás lo sabrán si no permites que te vean en la luz de tu vulnerabilidad. Es normal tener miedo cuando hacemos un cambio, pero enfrentarlo es el camino a tu libertad.

El miedo número 2: el miedo a sentir

Este definitivamente es de los miedos más grandes que tenemos. Nos da pavor sentir y hay una muy buena razón para esto: las emociones son energía muy poderosa y si no tenemos herramientas para manejarlas, nos derrumban. Literal.

¿Sabes lo que son las emociones? ¿Sabes cuál es la gama de emociones? ¿En qué parte de tu cuerpo sientes tus emociones? Dependiendo de la emoción, se puede sentir en distintas partes de nuestro cuerpo. Si nunca te han enseñado esto es normal que utilices cada gramo de tu fuerza de voluntad y creatividad para no sentir. ¿Cuál crees que es el rol de la comida, el alcohol, el *shopping*, las relaciones de codependencia, etcétera? Su rol es distraerte de esas emociones, adormecerte y momentáneamente hacer que no enfrentes el dolor.

El dolor es parte de la vida. ¿Por qué te da tanto miedo sentirlo? ¿Qué crees que pasaría si te dejaras sentir todo en tu vida?

En tu diario completa estas frases sin pensar, escribe rápido lo primero que te venga a la mente.

➡️ *Me da miedo sentir porque*

....

🖎 *Le huyo al dolor porque*

....

➡️ *Si me dejo sentir incomodidad*

....

Muy bien. Ahora ya tienes una idea de qué hay detrás de este miedo a sentir. Pero, ¿sabes un secreto? El no dejarte sentir sólo perpetúa estas emociones. No importa qué hagas y cuánto las ignores, las emociones **JAMÁS** abandonarán tu cuerpo si no te permites sentirlas.

Hoy te propongo que en vez de razonar siempre cómo te sientes, aprendas a manejar tu mundo emocional.

No creas que es tan complicado, de hecho, es bastante simple. Tú no tienes que hacer absolutamente nada para manejarlas, tu trabajo es dejar de hacer.

Sólo tienes que dejarte sentir, así de simple. Aún me sigo sorprendiendo de cómo las cosas más simples son las más poderosas.

Lo primero que debes hacer es tener conocimiento de las emociones. Para que empieces a familiarizarte con ellas, comparto contigo esta lista.

No podrás sentir en su totalidad algo que no puedas nombrar. Por eso conocer toda la gama de emociones te dará libertad. Verás que no catalogo las emociones de manera convencional: "Positivas/Negativas", sino que las catalogo de una manera neutral con fines sumamente espirituales y de empoderamiento personal.

Mi lista de emociones:

EMOCIONES PLACENTERAS	EMOCIONES DE CRECIMIENTO
AMOR	ABANDONO
ALEGRÍA	ABURRIMIENTO
APRECIO	ANGUSTIA
CONFIANZA	ANSIEDAD
COMPASIÓN	CULPA
ESPERANZA	TRISTEZA
ENTUSIASMO	CONFUSIÓN
OPTIMISMO	DEPRESIÓN
PACIENCIA	DESESPERACIÓN
SATISFACCIÓN	DESCONFIANZA
SEGURIDAD	ENVIDIA
SERENIDAD	FRUSTRACIÓN
ESPERANZA	IMPACIENCIA
TRANQUILIDAD	INCOMODIDAD
FE	INSATISFACCIÓN
CERTEZA	INSEGURIDAD
GRATITUD	MIEDO
ADMIRACIÓN	RECHAZO
INSPIRACIÓN	ENOJO
CONEXIÓN	PREOCUPACIÓN
	RESENTIMIENTO
	ESTRÉS
	VERGÜENZA

Como ves, la lista de crecimiento es más grande que la de placer, pero qué bendición: ello significa que cada área de tu vida en la que has tenido miedo de sentir, representa una oportunidad de crecimiento para ti. ¡Felicidades!

Hoy tu tarea es dejarte sentir ese dolor en su totalidad.

APRENDER A SENTARTE CON EL DOLOR ES LA LLAVE A LA LIBERTAD.

☆ Fearless Wisdom

Una vez desarrollada la capacidad de dejarte sentir y nombrar lo que sientes, ahora exprésala. Expresa constantemente cómo te sientes, es la alquimia del manejo de emociones: expresarlas.

Para esta receta puedes hacer tres cosas:

1. Escribirlas.
2. Hablarlas (contarle a alguien cómo te sientes). Personalmente encuentro esta opción como una de las más poderosas y liberadoras que hay.
3. Transmutarlas a través de la meditación o el ejercicio físico. Esta opción también es sumamente poderosa. Yo utilizo el ejercicio como medio para transmutar mi estrés en energía creativa.

¿Qué método utilizarás tú? Elige uno y **actúa.**

Escribe en tu diario en este momento de qué manera vas a expresar tus emociones el día de hoy.

 La manera de comprometerme conmigo misma a expresar lo que siento hoy es: ....

¡Bien! Ahora cúmplelo y toma acción.

Vamos con el miedo numero 3: el miedo a soñar.

La gran mayoría de nosotros tenemos terror a soñar porque creemos que eso que deseamos no es posible. A lo mejor en tu vida las pocas veces que expresaste lo que te gustaría lograr has sido brutalmente rechazada o, peor aún, has sido tachada de "loca" con sueños guajiros. El mundo entero se mueve a través de la energía del miedo, del control y de la no confianza. Entiendo que tengas miedo de soñar, que no has encontrado la fortaleza de seguir los impulsos de tu alma y de tu corazón.

Un muy buen indicador de que no persigues tus sueños y tu propósito es que tengas depresión. Si hay algún tipo de depresión y desmotivación es justamente porque abandonaste y olvidaste tus sueños.

A mí me encanta esta definición de depresión:

"LA DEPRESIÓN VIENE DE **GRANDES ALMAS** VIVIENDO VIDAS MEDIOCRES."

Es normal que te sientas deprimida, triste y desmotivada si llevas una vida que no es la que te gustaría vivir. Otro indicador muy grande de que niegas tus sueños y vives en el miedo es quizá el sobrepeso, un desorden alimenticio o alguna adicción. Muchas mujeres tapamos nuestra gran insatisfacción con comida. Nos sentimos insatisfechas con nuestras relaciones personales, con nuestra ocupación profesional, nuestras finanzas o nuestra vida espiritual. Si te sientes insatisfecha porque no cumples tu misión es obvio que vas a comer y comer y comer, y jamás, sin importar cuánto comas, quedarás satisfecha. ¿Sabes de qué hablo, verdad?

¡Te tengo noticias! Llegó el momento de parar de reprimir esa luz interior. Llegó el momento de enfrentar ese miedo y recordar quién eres. Estás aquí para algo mucho más grande de lo vivido hasta ahora y sé que lo sabes. Aun si lo dudas, aun si has vivido bajo este miedo durante tanto tiempo, hay una pequeña voz en ti que tiene la certeza absoluta de que es verdad.

DEJA DE TRATAR TUS **SUEÑOS** COMO FANTASÍAS QUE NUNCA SE CONVERTIRÁN EN **REALIDAD**.

Fearless Wisdom

Es importante observar cómo todos tus miedos han construido una sutil cárcel invisible. Pero es todavía más importante que si tú la construiste, tú puedes derribarla. Tienes la llave de tu libertad y es simplemente enfrentar tu miedo. No hay nada que temer, estás a salvo. Deja que estas palabras se impregnen en ti un segundo.

NO HAY NADA QUE TEMER, ESTÁS A SALVO Y TIENES **DERECHO A SOÑAR**.

Fearless Wisdom

Sin duda, la maestra de los sueños es la inspiradora Mary Morrissey. Te invito a penetrar y profundizar en su trabajo para abordar seriamente esta parte de tu vida. Su metodología me permitió recordar mis sueños, derribar mis miedos y poco a poco hacerlos realidad en mi vida.

TU TRABAJO NO ES AVERIGUAR "CÓMO" SE HARÁ REALIDAD TU SUEÑO. "TU TRABAJO ES TENERLO, **VERLO** EN TU MENTE, **SENTIRLO** Y **ABRAZARLO**."

Fearless Wisdom

Ahora dime: ¿Cuál es ese sueño que reprimiste debido a tu miedo?

Toma tu diario y escribe: "Si no tuviera un solo freno ni limitación, ¿cómo me gustaría que fuera mi vida?"

Contesta en detalle y desglosa cada área de tu vida:

☆ *Mi sueño de relación es:* ....

★ *Mi sueño profesional es:* ....

☆ *Mi sueño financiero es:* ....

★ *Mi sueño personal es:* ....

Mantenlo simple. Ahora, una vez que tienes calidad en tus sueños, mi pregunta es: ¿Estás dispuesta a seguir sacrificando tu vida y vivir para el miedo?

Muy bien. Ahora ve, busca ayuda con algún muy buen mentor y déjate ser apoyada y guiada para lograrlos.

TÚ PUEDES. SI TIENES LA FORTALEZA PARA TOMAR ACCIÓN Y CREAR LOS CAMBIOS QUE SABES DEBES ADOPTAR.

SI LO PUEDES **SOÑAR,** ES TU MISIÓN DE **VIDA.**

➤➤——➤ *Fearless Wisdom*

El momento es ahora.

LECCIÓN 13

La crisis es una oportunidad

¿Has escuchado decir: "Después de la tormenta llega la calma"? Es un dicho muy real y sumamente sabio. Absolutamente toda crisis, si nosotros así lo elegimos, es símbolo de una oportunidad. Es un aviso del universo que estás a punto de escalar de nivel de consciencia.

El Universo nos habla a través de los acontecimientos de nuestras vidas, normalmente es como un susurro, en tono suave; es cuando debemos corregir o cambiar algo en nuestro interior. Cuando no hacemos caso a este llamado sutil, al universo no le queda otro remedio que darnos un "grito". Esto es lo que todos conocemos como "la crisis".

Por ejemplo: llevo en recuperación y en el camino de transformación consciente casi una década, y cada escalón que subo es acompañado por una crisis, de verdad, ¡no es broma! Pero así voy camino a la libertad.

En cada etapa de mi transformación, con cada año que pasó, surgió algo nuevo en mí que demandaba ser sanado. Al yo no escuchar y seguir intentando controlar mi vida con viejos patrones de conducta, me llegaba una crisis nueva. Momentos de desesperación, recaída y frustración.

Sólo quienes hemos pasado momentos de oscuridad sabemos lo que es estar ahí. Es horrible, cuando la crisis llega sentimos que no hay salida, que nuestro problema es demasiado grande y nunca saldremos de él. Es literalmente como estar en el ojo de un huracán.

Para que tengas una idea de qué manera han jugado las crisis en mi vida, te haré un resumen/*timeline* de mi recuperación en la bulimia. Verás que en cada etapa me venía una crisis nueva.

Mi caminito fue así:

1. Reconocí que tenía bulimia.
2. Busqué ayuda.
3. Quise curar la bulimia sin soltar la mentalidad de dieta y restricción.

Me llegó una crisis. No importa cuánto intentaba controlar, la bulimia no se iba. Me obligó a seguir buscando hasta que fui a un retiro donde me di cuenta que seguir vomitando me hacía estar fuera de integridad.

4. Me dediqué un año completo a enfocar todas mis fuerzas en no vomitar. Lo logré, pero subí 10 kilos porque los atracones seguían.

Me llegó una crisis. Recaí en la bulimia y debí ir más profundo en mí. Busqué más ayuda. Descubrí el Bulimia Help Method.

5. Estudié el método y decidí darle una oportunidad ya que su teoría resonaba conmigo. Empecé a comer siete veces al día y poco a poco abandoné los atracones y los vómitos, sanando así mi cuerpo.

Me llegó otra crisis. Hice un viaje y perdí el control de mis comidas y del ejercicio. Me sacaron de mi rutina y una vez más recaí. Con esta crisis me di cuenta de que internamente seguía muy pero muy apegada a mi cuerpo físico, y que mi mundo interno seguía intacto, siempre queriendo controlar, obsesionada con mi cuerpo, la apariencia y la vanidad.

6. Empecé a soltar esa mentalidad, busqué y aprendí de mujeres que sabían comer intuitivamente. Definí mis valores. Aprendí poco a poco a conectarme con mi hambre y mis antojos físicos. Dejé de tenerle miedo a la comida y liberé el control.

Como verás, en cada momento de mi vida tuve crisis (y créeme que eran crisis fuertes, yo tenía pensamientos de "ya regresé al paso uno, voy muy mal") pero la Verdad es que me sirvieron para darme un impulso más fuerte hacia mi recuperación.

En mi caso fue la recuperación de adicciones, el proceso más importante de mi vida. Pero para ti puede ser en cualquier otra área de tu vida. A lo mejor es el alcohol, o el dinero, o crisis en tu relación de pareja, falta de seguridad en ti misma, complacencia, codependencia, o tu adicción secreta a la comida. Cualquiera que sea el área en tu vida donde experimentas una crisis, estoy aquí para ayudarte.

¿Estás abierta a verla de una manera diferente?

¿Estás abierta a ver el regalo y la oportunidad que esta crisis te ofrece?

El universo no nos enseña el camino completo, nos va dando pistas poco a poco conforme nos preparamos internamente para afrontarlo.

Hay un dicho: "Dios no te da más de lo que puedes cargar"; a mí me gusta decir: "Dios no te da más de lo que tu fortaleza es capaz de superar en ese momento." Cada vez eres más fuerte y más sabia.

Nuestro trabajo consiste en no ver la crisis como carga, sino como un idioma del universo guiándonos en la dirección correcta. Nuestro trabajo es afinar el oído, la vista y familiarizarnos con este idioma universal que nos guía. Cuando fallamos en escuchar estas divinas indicaciones, nos llega la crisis.

La crisis no es el problema, sino cómo la definimos.

Replantéala.

ESTA CRISIS ESTÁ AQUÍ PARA **TI**, TE OFRECE UNA GRAN LECCIÓN.

★ *Fearless Wisdom*

Para apoyarte y amorosamente corregirte siempre y cuando tú lo elijas ver así. Aquí las palabras clave son "tú elijas", porque tenemos el poder de elegir cómo ver las cosas que nos suceden. Estoy de acuerdo contigo, no tienes el control de la gran mayoría de los sucesos de tu vida, pero SÍ sobre cómo verlos.

Escoge sabiamente. Opta siempre por darle un significado que te empodere y no que contribuya a dejarte dentro de la prisión autoimpuesta de víctima. Si lees este libro es porque sabes, ¡sí que lo sabes!, que al final del día tú no eres culpable, pero sí responsable del mundo que ves y cómo lo percibes.

Utiliza estas frases siempre que estés en una crisis: nada en contra de ti, todo para ti.

Aun si fallas en comprenderlo, aun si por el momento no te explicas cómo tienes, por ejemplo, una adicción, estas son cosas que pasan *por algo*, para ti.

Tu trabajo jamás es entender lo que pasa, es aprender a sanar tu percepción, elegir amor en vez de miedo y fluir.

PREGUNTAS SABIAS PARA SALIR DE LA CRISIS.

Como dice Tony Robbins: "La calidad de tu vida será definida por la calidad de tus preguntas."

Toma tu diario y escribe estas preguntas. Posteriormente respóndelas ahí. Recuerda que la escritura es el idioma del alma, y cuando escribes a mano conectas con las partes más sabias de ti.

La primera pregunta: te invito a que, en cuanto llegue la crisis, en vez de preguntar "¿por qué a mí?", te digas... "mmm... ¡interesante!":

1. ¿Cuál es el propósito de esta situación en mi vida?
2. ¿Cuál es el cambio profundo que esta crisis me invita a hacer en mi vida?

Después recuerda que si pasas por esta situación, ya estas lista para hacer frente a este cambio. **CONFÍA**

3. Si yo supiera en este momento cuál es la próxima pequeña acción correcta para salir adelante, ¿cuál sería?

Escucha lo que tú misma respondes a esta gran pregunta. Tienes un maestro interno muriéndose por hacer conexión contigo. Esta crisis te invita a que, sin importar qué esté pasando en tu vida, llegó el momento de ir dentro de ti y conectar con tu maestra interior, que lleva mucho tiempo intentando guiarte y advirtiéndote de las piedras en el camino. ¿La escucharás ahora? Recuerda que en estos momentos, en esta nueva era, todos somos llamados a despertar, a dejar por primera vez en la vida de buscar afuera y ver nuestro interior, el único lugar donde hallarás las verdaderas respuestas.

Tú eres el gurú.

LECCIÓN 14

La excelencia no regatea

Hace seis meses entré en México a un lugar de entrenamiento de alto rendimiento. Cuando por primera vez abrió sus puertas yo vivía en Los Ángeles pero había algo de ese lugar que me llamaba la atención.

Regresé a México y a pesar de mi miedo, elegí entrar. Era un lugar donde sería confrontada con varias de mis sombras. Mis miedos eran que no fuera suficientemente buena en los entrenamientos, ni estuviera lo suficientemente fit para los estándares del lugar, que no era suficientemente bonita y no "daría el ancho". A través de Instagram veía fotos y videos de la gente de ahí, súper ágil y fit, y me sentí intimidada.

Todo esto no importó, tengo una gran virtud que es siempre afrontar mis miedos; elegí inscribirme. *Surprise, surprise,* lo que no sabía y nadie me contó es que eso sería justo lo que necesitaba para saltar a otro nivel de conciencia y que mis heridas serían traídas a la luz para sanarlas.

❀ · ❀ · ❀ · ❀ · ❀ · ❀ ·

JAMÁS SANARÁS ALGO QUE NO VES.
NECESITAS HACERLE FRENTE
AL **MIEDO** QUE TRAERÁ
LA **SOMBRA** A LA **LUZ**.

Fearless Wisdom

Yo no estaba totalmente en forma, tenía kilos de más y no había hecho ese tipo de entrenamiento en mi vida (siempre fui a gimnasios).

Cuando entré, conocí a uno de los dueños. Un chavo guapo y con presencia poderosa. Yo llegué con la intención, soy honesta, de ponerme en forma, pero ahí me di cuenta que este lugar me invitaba a mucho más que entrenar a nivel físico, al menos así lo era para mí. Era un lugar en el que el universo me enseñaría a transformar mi cuerpo de adentro hacia fuera.

NO TE DEJES LLEVAR POR LAS APARIENCIAS

En este centro descubrí un lugar donde te enfrentas a ti diariamente, a tus limitaciones, miedos, debilidades. El dueño tiene una perspectiva de lo saludable muy disciplinada pero le da un toque espiritual (aunque creo que no lo sabe) y de profundo trabajo personal.

De los pensamientos más sabios que le he escuchado:

🌟 "LOS MOVIMIENTOS MÁS SIMPLES SON LOS MÁS PODEROSOS."

⭐ "NO SE ENFOQUEN EN VER QUIÉN GANA, NO HAY MARCADOR. SI LLEVAN UN MARCADOR EN SU MENTE SE ALEJAN DEL PRESENTE. EL PRESENTE ES LO ÚNICO QUE IMPORTA PARA EJECUTAR ALGO CORRECTAMENTE."

⭐ "SI TIENEN DUDAS PREGÚNTENME, QUE NO LES DÉ PENA; DESPUÉS, POR NO PREGUNTAR, LO HACEN TODO MAL."

⭐ "TODO TIENE UN RITMO."

⭐ "TODO LO QUE HAGO EN ESTE CENTRO LO HAGO PENSANDO EN SU MAYOR BIEN, SI NO ESTÁN DE ACUERDO, NO IMPORTA, ESTE CENTRO NO ES PARA USTEDES NI USTEDES PARA ESTE CENTRO"

Esta última frase me marcó. El dueño es un hombre de excelencia y, por supuesto, su negocio es una extensión de eso. Por excelencia no me refiero a perfección, sino a disciplina y esfuerzo constante.

LA LEY DEL MENOR ESFUERZO

Vale la pena preguntar: ¿En qué momento perdimos el deseo de esforzarnos? ¿En qué momento ese placer que viene del esfuerzo se pierde?

Hoy por hoy, el mundo funciona para quitarnos la oportunidad de movernos, pensar y ser creativos, y eso nos ha hecho un poco inútiles. Literalmente, ya hay alguien que haga todo por ti. Lo cual es una bendición también, pero creo que lo hemos llevado al extremo. Ahora nos dedicamos a inventar y fabricar cosas que nos eviten esfuerzos.

Desde la industria para bajar de peso que nos vende remedios para bajar 20 kilos con sólo "pensarlo", soluciones que afectan nuestra salud física y mental por la ansiedad que conlleva el no controlar nuestro cuerpo y apetito.

En la universidad y en la escuela, ¿has notado que la mayoría de los alumnos, yo incluida, eligen al profesor más barco?

En vez de utilizar energía para estudiar la utilizamos para ver y descifrar cómo no hacer los trabajos y a quién le pagamos para que lo haga por nosotros.

En el área de la salud ya hay máquinas que mientras ves tele estimulan los músculos de tu cuerpo. Todo sin mover un dedo.

Es una mentalidad y una manera de operar en el mundo que en verdad se roba todo nuestro poder. Al inventar constantemente máquinas, sistemas, pastillas y demás nos perdemos a nosotros mismos.

Yo no estoy en contra de las máquinas, la medicina, etcétera. Pero abusamos de eso. Creo que pueden ser una bendición y todo tiene su lugar en el mundo. Todo está en cómo elijas utilizar cada cosa.

La utilizas a tu favor como apoyo o en tu contra como muleta cotidiana. Tú eliges.

Eso nos ha llevado a adoptar la mentalidad del menor esfuerzo como nueva ley. Al estar sujetas a ella nos oxidamos, es la causante principal de la obesidad y las enfermedades. Al no movernos y no disciplinarnos, queda mucho espacio desocupado en nuestra mente que debe ser utilizado. Nos volvemos ociosas y flojas.

Tampoco estamos dispuestas a pagar por los servicios de alguien más. ¿En qué momento la segunda ley de la "sustentabilidad" se convirtió en regatear el trabajo de alguien más? ¿Por qué buscar lo más barato y no lo de mejor calidad?

Es cuestión de elección y de valores.

Entre más te valores a ti y a tu trabajo, no sentirás la necesidad de buscar los "precios bajos".

Ahora, mucho ojo: hay una gran diferencia entre ser prudente con tus gastos y derrochar. El sugerirte que no regatees el trabajo de los demás y dejes de buscar precios bajos, no significa de ninguna manera que vas por la vida comprando lo más caro. Estoy de acuerdo en que lo más caro no necesariamente es lo mejor, pero generalmente, 90% de las veces, la verdad es que sí.

LO QUE HACES A **OTROS,** TE HARÁN A **TI.**

Fearless Wisdom

Si no te gusta que regateen tu trabajo, no regatees el de otros.

NO BUSQUES POR PRECIO, BUSCA POR CALIDAD

El regatear además viene de una predisposición hacia la carencia. Si quieres ser una mujer abundante, empieza por ver la vida con ojos de abundancia. Honrar y respetar el trabajo de los demás hará que el tuyo sea respetado y valorado también.

Recuerda una cosa:

COMO HACES **UNA** COSA, HACES **TODO**.

Fearless Wisdom

Absolutamente todo lo que eres, con valores y virtudes, se refleja en todas las áreas de tu vida. No puedes ser ordenada en tu casa y un desastre en el trabajo. No hay congruencia.

Utilizando esta ley a tu favor, elije vivir con abundancia. Vive con una mentalidad poderosa, no busques las cosas que menos esfuerzo requieran porque al final son las que más trabajo te costarán. Créeme. ¿Has escuchado el dicho "lo barato sale caro"? Es totalmente cierto.

Deja de recolectar cosas baratas y mejor ten una de estupenda calidad.

CAMBIA

Para empezar a cambiar tu elección de carencia por una excelente, pon atención en qué áreas de tu vida operas con predisposición a la carencia. Esto no nada más se refiere a la parte laboral y del dinero; he descubierto que en el área de la comida también es un tema frecuente.

Por ejemplo, en mi relación con la comida yo me inclinaba por la carencia que me llevó años identificar y mucho tiempo cambiar.

Esta inclinación a creer que no hay suficiente comida me llevaba a comer en exceso en bufetes, por ejemplo, siempre en mi creencia de que "sólo puedo comer esto ahora porque el lunes empiezo la dieta y no podré volver a comerlo". Esta percepción inconsciente me llevaba a sentir urgencia por comer todo. "Había que aprovechar."

¿Resultado? Comer hasta sentirme mal físicamente. Cada que tenía fiesta, iba a restaurantes o había mucha comida en la mesa, esta manera de comer se apoderaba de mí. O me aguantaba, pero llegando a casa en soledad acababa con el refri. Tuve que hacer este cambio de percepción y soltar esta creencia alrededor de la comida para vivir de una manera diferente.

LOS **DESÓRDENES** ALIMENTICIOS VIENEN DE TENER UN **MINDSET** DE CARENCIA.

Fearless Wisdom

Se trata de una inclinación por la carencia a la que nosotras mismas nos sometemos como resultado de ponernos a dieta crónicamente. El término dieta, como lo conocemos actualmente, trae consigo el significado de "restricción" de "come menos, cada vez menos", de "esto no lo puedes comer, es malo y engorda" y "tendrás que medir tu comida por el resto de tu vida para estar en control".

Con esas afirmaciones y diálogo interno cotidiano desarrollamos esta creencia de urgencia y carencia alrededor de la comida. Que no te sorprenda que los fines de semana acabas con el pastel, el bote de *peanut butter* y todo lo que en la semana te prohíbes: es normal.

Esto sigue siendo parte de esa creencia que se refleja en el área de la comida.

En cualquier área de tu vida afectada por esta creencia, lo único que tienes que hacer es estar dispuesta a cambiarlo.

Para ser una gran mujer debes estar consciente de la creencia que domina tu vida.

SÍ TIENES EL PODER DE ELEGIR

Tienes el poder de elegir cómo percibes las situaciones de tu vida y cómo vas a actuar. En tu percepción viene tu control.

¿Quieres estar al mando? Monitorea tu mente y punto.

LA **EXCELENCIA** NO REGATEA.
LA EXCELENCIA **VALORA**.

Fearless Wisdom

Elección de excelencia.

→ *Cree en el esfuerzo.*

→ *Cree en la disciplina.*

→ *Cree en la solidaridad y trabajo en equipo.*

→ *Confía en los demás.*

→ *Honra y respeta el trabajo de los demás.*

→ *Confía en su cuerpo.*

→ *Vive en un mundo de abundancia.*

→ *Confía en que hay suficiente para todos.*

→ *Ten paciencia. Sabes que "despacio es lo real".*

→ *Apertura para aprender diario.*

→ *Acepta cuando te equivocas y corrige.*

Elección de carencia:

→ *Busca lo más barato.*

→ *Busca lo fácil.*

→ *Regatea el precio en el trabajo de alguien más.*

→ *Siempre busca descuentos.*

→ *Le preocupa ahorrar tres centavos en cualquier cosa.*

→ *Quiere soluciones instantáneas.*

→ *Aplica la ley del menor esfuerzo.*

→ *Copia, miente y hace trampa.*

→ *Cree que lo sabe todo.*

→ *Incapacidad de aceptar y corregir.*

Cuando te sorprendas con esos pensamientos o acciones, obsérvalos y date cuenta de cómo te controlan. Muy amorosamente, pero con disciplina, corrige tu manera de ver y percibir tu vida. Por ejemplo, con la comida puedes elegir verla toda en abundancia y pensar que siempre que quieras podrás comer.

Esta conexión tan sencilla, si la aplicas diligentemente, cambiará de manera radical tu relación con la comida, como me sucedió a mí.

Vives en un mundo de abundancia, de todo hay de sobra. Relájate.

Momento a momento elije ver y crear tu mundo de esta manera.

Y recuerda, con tu mente: disciplina, constancia y enfoque.

LECCIÓN 15

La manifestación
es control espiritual

Hay una línea muy delgada entre manifestación genuina y control espiritual disfrazado de manifestación e intenciones puras.

La manifestación viene cuando estás en total alineación energética con lo que realmente deseas. Todo deseo tiene una energía. Nuestro trabajo no es nunca hacer que ese deseo venga a nosotros. Si lo hacemos, estamos controlando inconscientemente, caemos en la trampa de obsesionarnos con el tiempo y con el plan de cómo creemos que eso debe ser.

Esta necesidad de controlar, tiene el efecto contrario, bloquea absolutamente la comunicación con el universo.

El trabajo real de la manifestación está en permitir que lo que deseamos llegue a nosotros y no resistir a su llegada.

Hay ciertas leyes universales que operan todo el tiempo, nadie está exento de ellas. La ley de la manifestación —dicha de la manera más sencilla— es estar a la altura vibracional de ese deseo.

Todo lo demás es control.

LIBERA LO QUE CREES **NECESITAR** Y LO QUE REALMENTE **NECESITAS** LLEGARÁ A TI.

 *Fearless Wisdom*

Has escuchado esta frase: "Haz la lista de todo lo que quieres manifestar en tu vida." O mejor aún, una de mis favoritas: "Haz la lista de todas las cualidades que deseas que tenga tu pareja", con el propósito de atraer a ti lo que quieres. Eso significa que estás al mando de la situación. Sólo quiero llamar tu atención a un detalle: la gran mayoría hacemos todas estas listas impulsadas por el ego. Es decir, queremos manifestar todo lo que creemos que nos falta. Si crees que no lo tienes, tu energía no alcanzará jamás el nivel que necesita para que eso llegue a ti.

¿Qué tal si cambias manifestar por felicidad? Si realmente quieres manifestar cosas increíbles en tu vida, deshazte del apego a las listas y enfócate en ser feliz.

Libera tu plan, alza los brazos y acepta lo que el universo tiene para ti.

CUANDO ERES **FELIZ** TE VUELVES, NATURALMENTE, LA PERSONA MÁS IRRESISTIBLE A LAS **OPORTUNIDADES** MÁS **GRANDES**.

 *Fearless Wisdom*

Confía en que el universo sabe –muchas veces mejor que tú– lo que te haría feliz. El trabajo del Universo es traértelo, el tuyo eliminar todo lo que bloquea su llegada.

Una de las maneras más ineficaces de la manifestación es el control. Si todo el tiempo repites, visualizas y afirmas aquello que deseas, es porque no confías realmente en que llegará. Si no confías, no llega. Tu confianza y relajación son dos ingredientes cruciales para el verdadero proceso de manifestación.

LA MANIFESTACIÓN VIENE DEL ALMA.

EL CONTROL DEL MIEDO.

Al contrario, muchas veces, estamos tan clavadas en nuestra imagen mental de cómo deben ser las cosas que deseamos, de acuerdo a las listas que hacemos, que cuando llegan no las reconocemos y las dejamos ir. O peor aún, entramos en *shock* porque esas situaciones no cumplen nuestras expectativas, así que nos frustramos y sentimos como un fracaso.

La manifestación tradicional pone expectativas, la espiritual da libertad y es creativa.

¿Estás dispuesta a soltar la imagen mental perfecta que tienes acerca de cómo debe ser tu vida?

En el momento en que sueltas, pones en marcha los milagros.

En el momento en que olvidas listas y confías plenamente en tu felicidad, todos tus deseos se harán realidad. Entonces, das al Universo el espacio para manifestar cosas que ni imaginabas llegarían.

Yo fui controladora espiritual profesional. Hace cinco años creí que manifestaba; hice no una sino mil listas de lo que sería mi vida ideal. Recorté dibujos que representaban lo que yo quería y describí todo con absoluta perfección. Es más, lo enmarqué y lo pegué en mi pared.

Cuando me daba cuenta de que no podía manifestar esa visión, perdía confianza en mí, en el universo y en todas mis enseñanzas espirituales. Mi necesidad de controlar el plan, bloqueó mi camino. Hasta que una amiga me dijo: "Coral, tus planes están en el camino de los planes de Dios". Eso me tranquilizó y pude aprender la lección que se me presentaba a través de esa experiencia.

Como seres humanos es perfecto tener sueños, visiones y objetivos claros, eso ayuda a mantenernos a raya y a decir NO a cosas que nos distraigan para llegar ahí; sin embargo, hay una línea muy delgada entre tener una intención o un objetivo y que éste se convierta en nuestro poder superior. No está mal hacer listas, pero no te apegues demasiado a ellas.

Cuando lo hacemos, matamos la magia. Ya no es manifestación, sino una visión fija llena de expectativas. Si eso no se cumple, sufrimos y nos volvemos víctimas de nosotros mismos.

Recuerdo que una de las cosas que yo pegué en mi *vision-board* original (el de hace 5 años) era a Britney Spears y un disco de oro. Juré que sería la siguiente Britney. Mi vida jamás fluyó de manera que tendría éxito como cantante; al contrario, hice varios *castings* y quedé en 0. Cuando empecé a practicar la meditación y me fui conociendo, me di cuenta de que realmente no era mi pasión y lo que estaba buscando a través de ese sueño era satisfacer mi necesidad de atención. La música me fascina, me encanta, pero de eso a que yo sea la siguiente estrella del pop hay una gran distancia.

Elegí confiar en la vida y soltar todas las expectativas de lo que creía que mi vida debía ser. Puse intenciones firmes y aprendí a entrar en constante diálogo con la vida. Siempre le expreso lo que quiero, pero jamás le cierro las puertas para que ella me sorprenda y me traiga cosas aún mejores de lo que yo jamás imaginé para mí.

Por ejemplo, ¿alguna vez has querido mucho algo, ese algo llega y te encuentras un poco decepcionada diciendo "esto no es lo que pensé", y acabas insatisfecha? Es una buena lección de que lo que crees que deseas no necesariamente te hará feliz. Esto es porque lo que queremos la gran mayoría de las veces viene de nuestro ego, de lo que creemos nos hace falta y va a "llenarnos".

¿Quieres realmente manifestar, pero manifestar desde la espiritualidad?

Ésta es la receta, de tan sólo 4 pasos:

1. Elije trabajar en ti. Estudia y descubre cuáles son las barreras que no permiten que lo que quieres llegue naturalmente a ti. *Un curso de milagros* dice que si no experimentas milagros en tu vida es porque algo no está bien.

2. Haz de la felicidad tu prioridad. Más que enfocarte en hacer que las cosas sucedan, enfócate en ser feliz. De esta manera te volverás la persona más atractiva hacia la visión de tus sueños.

3. Pon una intención, pero suelta. Dale oportunidad al universo de traer eso que deseas pero libera el apego. El apego, como dicen los budistas, es la causa del sufrimiento.

4. Confía. Confía en que lo que llega es exactamente lo que necesitas.

Ser feliz está sólo en tus manos.

LECCIÓN 16

Fearless Woman

"TENGO UN SUEÑO, UN SOLO SUEÑO,
SEGUIR SOÑANDO. SOÑAR CON LA LIBERTAD,
SOÑAR CON LA JUSTICIA, SOÑAR CON LA IGUALDAD Y
OJALÁ YA NO TUVIERA NECESIDAD DE SOÑARLAS."

MARTIN LUTHER KING

Recuerdo un momento en Estado Unidos. Era noviembre y estaba en el país para asistir a un entrenamiento con una de mis mentoras. El lugar era un espacio de retiro muy bonito, lleno de naturaleza en medio de la nada, pero tenía algo que a mí me causaba mucha ansiedad: un buffet enorme, lleno de comida que tenía, todavía, carga emocional para mí. Siempre estaba pensando: "este alimento engorda o enflaca".

En ese momento, a pesar de estar mucho más libre en el tema de mi peso y cuerpo, todavía sentía como si una parte de mí se resistía diplomáticamente a soltar por completo el tema del cuerpo. Me seguía viendo en el espejo seguido, con pensamientos de "estoy de viaje, el peso que suba aquí lo bajo regresando". También recuerdo tener cierta necesidad de presentarme y ser la mujer guapa y atractiva del grupo; pensaba que a lo mejor podría ser más especial para mi mentora si veía que era *fashion*, guapa y sexy.

Esa energía me llevó a tener un episodio de ansiedad que calmé con una caja de galletas. El problema no fueron las galletas, el problema fue que me las comí en un momento que tenía que cumplir una tarea del alma: terminar de editar el libro que estás leyendo.

No pude hacerlo. En ese momento, por la razón que quieras, tomé la decisión de comer "el fruto prohibido". Lo hice en total consciencia, viendo cómo mi ego todavía seguía al mando de mí a través de la sutil fijación con mi cuerpo, mi preocupación "sana" por mi apariencia física y la comida. Pude ver perfectamente la locura a la que me llevaba esta mentalidad y fue cuando elegí dejar de vivir así.

Esa noche me fui a dormir diciendo esta oración: "Necesito un Milagro, ¿cuál es el propósito de que esté teniendo esta experiencia en este momento?"

Me levanté al siguiente día con la firme decisión de tomar mi propia vida en serio. Estaba en el lugar perfecto para volver a "rendirme" y entregar mi vida y mi cuerpo a un poder superior.

Recuerdo que esa mañana dije: "Padre, en este momento pongo mi cuerpo físico en tus manos, que se haga tu voluntad y no la mía". Al decir esta oración manifesté que estaba dispuesta a tener el cuerpo físico que él dispusiera para mí y que yo me quitaría del camino. No te miento, sentí miedo porque eso implicaría dejar de controlar cada aspecto de mi cuerpo y apariencia física y tendría que confiar.

A pesar de que mi miedo se presentó, mi fe ganó porque sabía que el universo quiere que sea feliz y conoce mucho mejor que yo lo que es importante. Supe que tendré lo que necesito si permito que algo más grande que yo tome las riendas de mi cuerpo físico y de mi vida.

Cuando dije esa oración, recuerdo que dejé de sentir la necesidad de verme en el espejo todo el tiempo; al contrario, durante todo ese día no me preocupé por verme guapa, *fashion*, sexy o atractiva. Me concentré en ser amorosa, generosa, íntegra y feliz. El resultado de eso fue tranquilidad, paz y absoluta certeza.

Aquella ocasión se apoderó de mi otra energía por completo: cedí mi lugar de primera fila a otra persona, sonreí mucho más a gente que no conocía y tuve mucha más paciencia a las situaciones del día que en otro momento me hubieran hecho brincar.

SI TU ATENCIÓN ESTÁ EN EL **CUERPO** NO PODRÁS CONTACTAR CON TU **ALMA.**

Fue así como descubrí que estar tan atentas al cuerpo físico se gasta los cartuchos de energía que tenemos para poder ser mujeres de servicio y luz. Estar tan enfocadas en nuestra belleza física no deja espacio para nada más.

Estamos en una era donde el despertar de las mujeres es muy importante. Se necesita, más que nunca, que las mujeres entremos en unión y utilicemos nuestro gran poder de manifestación y creación cooperativa, no sólo para sanar al planeta sino para ayudar a crear un mundo, como dice Martin Luther King Jr., de justicia y libertad, un mundo de conexión, de apoyo y de amor.

Asimismo, yo también tengo un sueño. Un sueño donde cada vez más mujeres responden al llamado del alma. Si estás leyendo este libro estás siendo llamada.

Yo también tengo un sueño. Tengo un sueño en donde las mujeres de México empiezan a preocuparse más por "ser" que por cómo se ven. Por "ser" me refiero a la parte interna de cada una: sus valores, sus intenciones, su trabajo personal y su compromiso. *Fearless women*: mujeres reales y auténticas.

Tengo un sueño en donde las mujeres en México se elevan por encima de toda competencia, de toda comparación, de toda vanidad, dejan de vivir para su cuerpo y empiezan a vivir para su alma.

Estas mujeres, aunque son *fierce*, tienen una mirada dulce, son generosas, compasivas y cariñosas. Despiertan a la verdad de quiénes son y de su verdadero "dharma" en este mundo, su misión del alma.

Todas las mujeres en este planeta venimos con misiones específicas, algunas a nivel global y otras a nivel personal, pero todo se resume en encontrar maneras de regresar al amor. Cuando las ponemos al servicio del alma, todas las carreras y profesiones pueden ser un conducto de servicio divino.

Fui parte del movimiento de vivir para el cuerpo por décadas, y he visto lo que puede hacer: causa separación, causa miedo, causa ansiedad, causa adicciones, sentimientos de insuficiencia y comparación.

Todos estos son caminos que llevan a la oscuridad. Recuerda: el cuerpo físico como tal —desde una perspectiva espiritual— no tiene ningún significado. Cuando comprendí eso no sólo a nivel intelectual, sino que lo integré en mi psique y comencé a trabajar para que siempre se mantenga ahí, todos mis problemas con la comida fueron mucho más fáciles de sanar.

He tenido también la oportunidad de vivir en la luz, de tener mis momentos donde sólo soy. Soy una con todo lo que me rodea y dejo de interesarme por la manera en que luce mi cuerpo. En esos momentos suceden milagros y me vuelvo como un imán para oportunidades increíbles, no porque esté haciendo algo especial, sino porque dejé de hacer. Dejé de vivir para el cuerpo y ahora vivo para mi "dharma", que es ser una maestra espiritual. Es un cambio de enfoque muy sutil.

Levantarme y no tener la necesidad de ver mi cuerpo en el espejo se convirtió en un milagro que sucedía cada vez más seguido. No te miento, era de las que se veía el cuerpo en cada espejo que podía. Fue una adicción muy difícil de romper. Dejé de calificar el cuerpo de otras mujeres y empecé a enfocarme en su vibración en vez de en qué tan definido estaba su cuerpo.

Hoy mi *fitness routine* es "*how I am*", es decir, la mujer que se presenta al mundo ese día. Yo sé, guapa, que tú eres parte de mi tribu, yo sé que eres auténtica, *fierce* y *fearless* y te necesitamos. Te necesitamos en tu poder.

- Tu poder no radica en tu cuerpo.
○ Tu poder no radica en el dinero que tienes.
- Tu poder no radica en el número de seguidores, *likes* y *shares* en Instagram. Sobre esto Marianne Williamson dijo algo que se me quedará grabado para siempre, te lo comparto

para que tú también medites sobre ello: "Si todo el mundo está aplaudiendo lo que estás diciendo, probablemente no estás diciendo las cosas correctas".

○ Tu poder tampoco radica en el hombre que elijas o hayas elegido para ti.

EN TU NATURALEZA ERES UNA **MUJER** ♡ RADIANTE Y CON UN **PODER** INQUEBRANTABLE.

Fearless Wisdom.

Tampoco nadie tiene el poder de romperte el corazón, así que libera de una vez esa historia. El poder de tu corazón (como aprenderás en el capítulo de "El maestro del corazón") es invulnerable ante los ataques del mundo.

Somos realmente seres extraordinarios, pero necesitamos recordar. Hoy toma esta lección como un tipo de *electroshock* amoroso espiritual que te "revive". Levántate con gracia, levántate con compasión, levántate con liderazgo, levántate ya.

De tarea te dejo que bajes y escuches la canción de "Rise Up" de Andra Day. Busca el significado de la letra de la canción.

Actúa fearless y libera tu poder.

LECCIÓN 17

Certeza: la llave del milagro

"AQUELLOS QUE TIENEN LA CERTEZA DE UN RESULTADO,
PUEDEN ESPERAR Y ESPERAR SIN ANSIEDAD."

UN CURSO DE MILAGROS

Hace poco tuve una reunión con una de mis alumnas. Ha tomado prácticamente todos mis programas en línea, incluyendo el "Libre de Bulimia: cómo recuperar el control de tu vida en 8 semanas." Lo más curioso es que no tenía bulimia, buscaba sanar su relación con la comida y su cuerpo.

Cuando llegó a mis programas comía compulsivamente, comida chatarra y a escondidas: desarrolló un sobrepeso considerable.

Poco a poco trabajamos y sanó esa compulsión, liberando la vergüenza, la culpa y corrigiendo su mente, de manera que ese comportamiento adictivo empezó a sanar.

Pero apareció un nuevo problema: ahora no era comer a escondidas, o hacerlo en las noches después de un largo día de trabajo, comía parada todo lo que encontraba en su refrigerador después de haber hecho su "dieta". Su problema era que a pesar de hacer exteriormente todo lo correcto por bajar de peso no lo lograba.

Llegó diciéndome: "Coral, ya no sé qué hacer. Me siento sumamente frustrada. He estado haciendo la dieta que me indicó mi nutrióloga, empecé a hacer ejercicio, a comer cosas orgánicas, a respetar mi cuerpo y en dos semanas no baje ni un gramo."

La miré y verdaderamente estaba frustrada, casi lloraba. "Sin embargo –continuó– pude por tercera vez facturar mensualmente en mi trabajo como coach más que en mi trabajo Godínez."

"Ah –dije– ¡qué interesante!" Le pregunte de qué manera había pensado, sentido y creído en su trabajo como coach, de manera que obtuvo el resultado deseado.

Me dijo que simple y sencillamente tuvo la certeza de lograrlo, no lo dudó y no intentó controlarlo.

Después pregunté en qué otras áreas de su vida había logrado las metas que quería. Me contestó que en el nacimiento de su hijo, que fue natural, sin dolor y sumamente rápido.

Volví a hacerle la misma pregunta: "¿Cómo estabas pensando, sintiendo y creyendo con respecto a esa situación?" Me contestó lo mismo que con su trabajo y me dijo: "Tenía la certeza absoluta de que mi parto sería amoroso y fácil. Lo visualicé todas las noches y no había un gramo de duda en mí, si otras mujeres lo habían logrado yo podría hacerlo."

Le pedí que me dijera cuál era el común denominador en ambas situaciones. Se quedó pensando unos segundos y dijo: "Tenía certeza absoluta en el resultado."

¡BINGO!

Cuando profundizamos más en el tema de su cuerpo y su peso le hice las preguntas correctas para que ella sola viera que el problema no era su cuerpo, la dieta ni el ejercicio. Era que no confiaba en su cuerpo para bajar de peso, no vibraba en una energía de amor y confianza, sino en una energía de miedo, control y desesperación.

NADA **ALEJA** MÁS UN DESEO
QUE LA ENERGÍA DE **DESESPERACIÓN**.

♡ Fearless Wisdom

LITERAL *TURN OFF* TOTAL

Cuando estamos desesperadas por conseguir un resultado vibramos en una energía demasiado baja, que se vuelve una especie de teflón ante toda oportunidad para lograrlo. Piénsalo, imagínate un novio que todo el tiempo te llama, busca y demanda tu atención. En otras palabras, un novio codependiente y necesitado de ti (*needy and clingy*). ¿Te resulta atractivo esto?

¡Claro que no! Cualquiera en su sano juicio huiría de una persona así. El hecho de que alguien te necesite con tanta desesperación le quita todo atractivo y no lo quieres volver a ver en tu vida.

El universo opera de la misma manera, entre más controles y te presentes a tu sueño con una energía de desesperación, más lo alejarás de ti.

ES ABSOLUTAMENTE NECESARIO QUE **PURIFIQUES** TU **ENERGÍA** PARA CONVERTIRTE EN UN SER QUE VIBRA CON SU **DESEO**.

Fearless Wisdom

"Éste es un Universo de vibraciones. Como observó en cierta ocasión Einstein: «Nada ocurre hasta que no se mueve algo», esto es, todo vibra de acuerdo con una determinada frecuencia mensurable."[1]

Una vez que mi alumna pudo ver de qué manera su energía bloqueaba su capacidad para bajar de peso, empezó a soltar el control y aprendió a cultivar una energía de certeza y confianza en el área de su cuerpo.

A la semana siguiente, había bajado de peso.

EL ÉXITO DEJA PISTAS

Piensa en un área de tu vida en la cual sientas que, sin importar lo que hagas, no pareces tener resultados.

Ahora pregúntate, ¿de qué manera has bloqueado este sueño? ¿Desde qué energía estás actuando? ¿A través del control? ¿O actúas a través de la confianza?

....

[1] Esther and Jerry Hicks, Pide y se te dará, p. 1.

Recuerda que sólo la certeza de un resultado puede traerte lo que quieres.

Si no estás obteniendo el resultado que buscas, muy probablemente te estás enfocando en hacer cambios externos. Recuerda que la parte exterior de tu mundo sólo es un reflejo de la parte interior. Si te enfocas en cambiar la parte externa de tu vida, aunque a lo mejor en algún momento logres ese resultado, no será constante.

TODO LO QUE NECESITE TU **CONTROL, PERDERÁS**.

Fearless Wisdom.

La certeza, además, nos permite ser pacientes en los tiempos y en los procesos de la vida. Todo deseo, todo objetivo y todo sueño, requiere tiempo.

Un roble no crece en un día, uno planta la semilla y la riega. Tampoco a cada rato desentierras la semilla para ver si creció; plantamos con total certeza y convicción de que con los cuidados adecuados sus raíces tarde o temprano brotaran.

Esto nos regala la capacidad de esperar y esperar sin ansiedad como nos enseña *Un curso de milagros*.

Empieza por traer conciencia a esa área de tu vida que no funciona. El hecho de que puedas ver la energía a través de la cual has intentado manifestar esa meta, hará que la cambies.

Libera la duda.

A continuación te ofrezco la receta con una serie de pasos infalibles para cambiar tu duda en certeza y así llegar a tus objetivos con gracia.

DE LA DUDA A LA CERTEZA

1. Busca a otra gente que logró lo que quieres. No importa qué quieras lograr, hay alguien en el mundo que ya lo hizo.

El mayor bloqueo para nuestras metas espirituales es nuestro cerebro. Él dice "hasta no ver no creer". Perfecto, démosle lo que busca. Esto le dará a tu cerebro un descanso al decir: "Bueno, esto es absolutamente posible, si esta persona ya lo hizo también yo lo haré."

2. Antes de dormir medita en tu deseo. Una de las cosas más poderosas es grabar afirmaciones con tu propia voz en tu celular. Hoy en día todos los iPhone traen un programa de grabación. Graba alrededor de 2 minutos con afirmaciones específicas para lo que quieres manifestar en tu vida. En el caso de mi alumna las afirmaciones eran:

FÁCILMENTE LIBERO EL PESO EXTRA DE MI CUERPO.
LA GRASA SE DERRITE SIN ESFUERZO.
MI CUERPO SE SIENTE AMADO Y RESPETADO.
SUELTO EL CONTROL.
AMO Y CONFIÓ EN MI CUERPO.

De la misma manera que ella grabó estas afirmaciones en su teléfono, hazlo tú.

Escribe aquí cinco afirmaciones que quieras grabar para reprogramar tu mente y creer en el resultado.

Mis afirmaciones:

A) ....

B) ....

C) ....

D) ....

E) ....

3. *Visualiza tu sueño como ya realizado.* El poder de la visualización no tiene comparación. Es la habilidad de usar la imaginación, ver imágenes en nuestra mente y hacerlas realidad. Si añades concentración y logras **SENTIR** la emoción como si tu deseo ya fuera realidad, entonces te convertirás poco a poco en el ser que vibra con tu deseo, ya que estarás vibrando en felicidad y satisfacción.

La felicidad es súper sexy y atractiva.

SI EMPIEZAS A TRAER LA **ENERGÍA** DE **FELICIDAD** ALREDEDOR DE TU OBJETIVO, SERÁS **IRRESISTIBLE** PARA ÉL.

Fearless Wisdom

El universo y tu deseo aman a la gente feliz. Así que visualiza al menos durante tres minutos cada mañana y tres en la noche lo que deseas lograr. Empieza a confiar, a tener la certeza de que eso pasará.

Hecho está. Hecho está. Hecho está.

LECCIÓN 18

Confía

"LA MEJOR FORMA DE AVERIGUAR SI PUEDES
CONFIAR EN ALGUIEN ES CONFIAR EN ÉL."

ERNEST HEMINGWAY

Confía en tu proceso.

Todo proceso de transformación y de cambio lleva tiempo. Nuestra tarea no es juzgar el tiempo que nos lleva ese cambio, es hacer nuestro mejor esfuerzo cada momento y soltar el resultado.

Hay cosas que puedes controlar y otras no. Tu tarea es estar presente y en constante movimiento con las que sí controlas y liberar el resto.

SI QUIERES **BLOQUEAR** TU PROCESO,
JÚZGALO.

Fearless Wisdom

Jamás pensé que mis mayores problemas (la bulimia y mi fuerte adicción a la comida) fueran mi guía para encontrarme a mí misma. Aprendí que al juzgar tenerlos los hacía invencibles y no hallaba soluciones creativas para salir de ellos. Pero estas adversidades fueron los medios a través de los cuales yo despertaría a mi verdadero poder. Sólo por eso te digo con completa convicción que en vez de sentirte avergonzada y culpable por los problemas que enfrentas en tu vida, aprende poco a poco a confiar en tu proceso personal. A lo mejor te recuperas de alguna adicción a la que consideras le has dedicado "mucho tiempo" y no logras salir. Créeme, es súper difícil, pero si llevas 500 recaídas, eso es parte de tu proceso de aprendizaje.

Está en mis creencias que elegimos todo antes de venir a este planeta, a nuestros padres, el país en que nacemos, nuestro lenguaje y sexo, elegimos todo. Nosotros ponemos todas las fichas en orden, acomodamos el tablero de manera que todo quede en posición de guiarnos durante el viaje que es "la Vida". Piénsalo, si esto es así, no hay espacio para culpar a otras personas o a ti, toda tu vida es perfecta.

Escogemos incluso las adversidades por las que pasamos, ya que:

1. Te servirán para tu evolución personal, para que no olvides y recuerdes.

2. Nos meterán bajo la presión perfecta para volvernos un diamante.

3. Porque estás en una misión global (vienes no nada más a trabajar por ti y tu propia evolución, sino para servir y apoyar

la evolución de otros seres). Cuando estás en una misión global es necesario pasar por los retos que vienes a enseñar.

Un curso de milagros dice que "enseñamos lo que más necesitamos aprender". Todos los grandes maestros han tenido que superar todas las cosas que enseñan y pasar por pruebas, no llegaron aquí sabiéndolo todo. Son como diamantes en bruto, al principio sólo piedras y carbón, su brillo vino después de estar bajo mucha presión.

Es como cuando programas la alarma de tu celular para que te recuerde tus citas, igual son las adversidades, son nuestras "citas" programadas y la vida es nuestro despertador; por eso muchas veces es tan molesto, queremos seguir dormidos y podemos posponerlo varias veces, incluso años, pero no podemos dormir para siempre, estaríamos violando las leyes de universo y aunque este es amoroso también trabaja en nuestra evolución.

CONFÍA: LO QUE SE TE HA DADO HASTA AHORA EN TU VIDA ES JUSTO LO QUE NECESITAS PARA CRECER.

♡ *Fearless Wisdom*

Cuando una situación no se va, cuando llevamos luchando años con el problema, usualmente eso indica que no hemos aprendido la lección, no hemos entendido su razón de ser. Por mi propia experiencia te puedo decir esto, primero con el alcohol y luego con la comida, me tardé casi una década en entender mi mensaje y en pulir poco a poco las habilidades que solucionarían esos problemas; estos me obligaban a desarrollar y confiar en que mis procesos, por muy tardados que fueran, eran justo lo que necesitaba en ese momento.

Fui llamada a desarrollar la humildad, a aprender y confiar en los demás, y sobre todo, a abrirme a mi espiritualidad y fortalecer mi confianza y mi conexión con Dios. Salir del closet espiritual me daba miedo porque en algún momento pensé que sería un obstáculo para que la gente se acercara a mí y leyera mis mensajes. Me preocupaba mucho e intentaba tener cuidado en cómo manejaba mis palabras ya que quería compartir mi mensaje a generaciones jóvenes; pero yo creo en **DIOS**, es la palabra que siento cómoda para mí y aun tras aceptar esta espiritualidad no se la impongo a nadie ni creo que mi verdad sea absoluta. Pero es mí verdad y como tal debo honrarla. Cuando no decimos nuestra verdad pagamos un precio muy alto por no hacerlo. Pierdes tu fidelidad y lealtad a ti misma. Sin esto, te apagas. Así de sencillo.

Personalmente, cuando hablo de Dios es cuando me siento más poderosa, mi energía se eleva, mi sangre hierve y mi corazón se expande. Me desbordo de amor, de amor por mí y por la humanidad.

¿Te has sentido así alguna vez? ¿En tu vida qué te hace sentir absolutamente conectada y en plena confianza?

A lo mejor llevas tanto tiempo intentando controlar cada detalle de tu vida, que olvidaste lo que es realmente confiar, lo que se siente soltar el volante y por unos segundos disfrutar el camino. Me encanta la lección número 101 de *Un curso de milagros*: "La voluntad de Dios para mí es perfecta felicidad."

La vida es nuestro salón de clases, las circunstancias de nuestra vida son las tareas y nuestros problemas los exámenes.

Jamás sabrás cuánto has progresado en tu camino interior si no eres puesto a prueba. El universo se especializa en redimir. Si cometiste un error siempre tendrás la oportunidad de presentarte a esa misma situación de una manera diferente. Por eso, desde una perspectiva espiritual, manifestamos la misma situación una y otra vez, hasta que la lección es aprendida.

Esto no es Dios contra ti, ni el universo castigándote. Esto es el universo amoroso que siempre cubre tus espaldas y apoya tu crecimiento.

"La sincronía, la guía, la sanación y la abundancia están a nuestra disposición en todo momento. Lo único que debemos hacer es sintonizar con el Universo para fluir con su energía amorosa y sustentadora."[2]

Mi problema con el alcohol no desapareció hasta que acepté y nutrí esta conexión espiritual. Mi bulimia no sanó completamente hasta que puse en marcha mi tarea de servir, de compartir, de trabajar para otros y salirme de mí misma.

Mi lección más grande: no se trata de mí, todo es mucho más grande que yo.

Piensa en tu proceso, en las dificultades de tu vida. Si las ves de cerca, no se trata sólo de ti, hay algo más profundo. Eso le da un descanso a tu ego, al que le encanta el *show* pensando que todo siempre es culpa tuya.

....

[2] Gabby Bernstein, *El Universo te cubre las espaldas*, El Grano de Mostaza, p. 13.

ENTRE MÁS **GRANDE** SEA TU PROBLEMA, MÁS GRANDE ES TU **MISIÓN**.

Confía: a veces "Dios no cambia las circunstancias porque Él está utilizando las circunstancias para cambiarte a ti".

Confía en tu Proceso, en tu Vida,

¡Confía en Ti!

LECCIÓN 19

El pecado no existe

"EL DOLOR ES INEVITABLE PERO
EL SUFRIMIENTO ES OPCIONAL."

BUDA

No estás aquí para ser castigada, tu misión no es sufrir ni ser víctima de tus circunstancias.

Hay esta noción de que somos culpables. Una religión entera se dedica a enseñarnos que ya nacemos en pecado. La culpa y el miedo son las emociones más toxicas para el alma.

El pecado no existe.

Sólo errores que necesitan corrección, porque no eres pecador, no hay nadie en el cielo apuntando cada falta que cometes para castigarte, el universo simple y sencillamente no opera así.

El mundo es amoroso sin medida, Dios es misericordioso y tú eres su creación, su más magnifica expresión; Dios sufre cuando tú sufres pues es nuestro Padre Celestial y nos ama sobre todas la cosas. Cuando cometemos un error, eso significa que no le atinamos a la "marca", pero siempre, siempre te será dado un arco y una flecha nueva para volver a intentarlo.

Siempre, sin excepción, corrige la percepción de tus errores.

Afirma:

Cada vez que cometo un error, tengo el poder de elegir cómo interpretarlo; hoy elijo darle un significado que me empodera.

Esta lección nos enseña que no importa nuestro pasado, tampoco los errores cometidos, porque la vida es un salón de clases y venimos aquí a aprender; es normal no vivir una vida perfecta e impecable. Te invito a que, en la medida de lo posible, siempre aspires a llevarla de esa manera, pero jamás te apegues a lograrlo. Porque en realidad la perfección no existe, sólo el constante progreso personal.

La mentalidad de pecado implica que hiciste algo imperdonable, que jamás será borrado de tu "récord". Esta mentalidad sólo sirve para una cosa: mantenerte atorada cometiendo el mismo error una y otra vez.

¿Sabes cuál es el verdadero problema de esto? Que pocas veces nos damos tiempo y espacio para estudiar la manera en que hemos actuado en nuestra vida que nos llevó a cometer ciertos errores. Lo único que necesitas es tener la voluntad de verlos para que te sean revelados con claridad. Una vez abierta a esto, verás todo aquello en ti que demanda ser corregido (¡corregido, no castigado!).

EL CASTIGO NO ES UNA ESTRATEGIA
EFECTIVA PORQUE CARECE DE **AMOR**.
SI ALGO EN TU VIDA NO TIENE AMOR,
JAMÁS SE TRANSFORMARÁ, SÓLO HALLARÁS
UNA MANERA MÁS DE CONTROLARLO.

Fearless Wisdom

El control no implica sanación, corrección ni redención.

El amor, y sólo el amor, tiene el poder alquímico de transformar cualquier cosa que toque con su magnífica luz.

Muchas personas se sienten culpables por cosas de su pasado. A lo mejor has hecho cosas que te parecen imperdonables. Para muchas de mis alumnas fue el pasar por fuertes adicciones y desórdenes alimenticios. Estos comportamientos traen consigo muchísima carga emocional, porque cuando estamos en ellos hacemos cosas que están totalmente fuera de nuestra integridad. Estamos bajo la influencia de esa baja energía, ese dolor y culpa. Y es como una bola de nieve, mientras más mal nos sentimos, más repetimos el comportamiento para anestesiar esa culpa.

Recuerdo que cuando tenía 24 años, toqué fondo con el alcohol. Es difícil pensar que en algún momento de mi vida yo bebía todos los días hasta caer inconsciente. Hice muchos intentos fallidos de recuperación, recaí varias veces. Y recuerdo que una vez, llegando de una de mis múltiples recaídas, pensé "no podré salir de esto jamás, no tengo remedio", y sentí una culpa que consumía cada centímetro de mi cuerpo. Esa noche me fui a dormir casi inconsciente, sintiéndome súper defraudada conmigo misma porque otra vez lo había hecho. Sin embargo, esa noche algo mágico pasó. Soñé con el maestro Jesús, sí, Jesús de Nazaret. Yo no soy católica pero desde niña sentí una conexión muy especial con él. Esa noche que ya no veía salida a mi problema, ese gran maestro se apareció en mis sueños: estaba en su presencia sin decir una sola palabra, sólo vi su rostro. Con su mirada incondicional me lo dijo todo. No me miraba con enojo o juicio alguno, sólo con amor.

Esa noche aprendí una gran lección: no existe el pecado, no existe la culpa, eres inocente, no importa lo que hagas.

Este maestro me hizo comprender que no importaba cuántas cosas malas había hecho en el pasado, yo, si así lo elegía, podía volver a empezar. Me hizo comprender que su amor por mí era incondicional, me hubiera portado "bien" o "mal", él me amaba y siempre estaría ahí dispuesto a darme su mano para levantarme.

Eso fue exactamente lo que pasó aquella noche, me desperté y elegí volver a intentarlo. Ahora estoy sobria y libre de alcohol desde hace casi 5 años.

Es importante que comparta contigo que este cambio, esta recuperación no hubiera sido posible si hubiera elegido seguir en mi prisión de culpabilidad y "pecado".

LA **TRANSFORMACIÓN** DEBE TENER
COMO BASE EL **AMOR**.

Fearless Wisdom

De las cosas más importantes para lograrlo fue derrotarme, tener humildad y hacer el programa de los 12 pasos de AA.

Hice además un profundo octavo y noveno paso en los que se me dio la oportunidad de corregir mis errores y de limpiar y sanar mi pasado.

Octavo Paso

"Hicimos una lista de todas aquellas personas a quienes habíamos ofendido y estuvimos dispuestos a reparar el daño que les causamos."

Noveno Paso

"Reparamos directamente a cuantos nos fue posible el daño causado, excepto cuando el hacerlo implicaba perjuicio para ellos o para otros."[3]

Piensa en este momento en todas las cosas que te hacen sentir culpable. Todos aquellos comportamientos en los que actuaste fuera de integridad y que hasta el día de hoy sigues cargando.

A lo mejor fuiste infiel en una relación que te importaba mucho, o robaste dinero de tu familia. A lo mejor mentiste y robaste para mantener una adicción o te acostaste con personas que no querías porque estabas en un momento de inconsciencia y desesperación. ¿Qué es? ¿Cuáles son esos errores que no te has perdonado y pueden bloquear tu salida?

....

[3] *Los doce pasos y las doce tradiciones*, Alcohólicos Anónimos, Pasos 8 y 9.

Si no te perdonas, si no cambias tu percepción, seguirás cometiendo ese mismo error porque la culpa siempre demanda castigo. Esto es un proceso inconsciente.

Aquí te van los tres pasos sólidos de la receta para Transformar el Pecado en Posibilidad.

1. Obsérvalos. Date un tiempo y un espacio para observar todas las cosas por las que te sientes culpable y escríbelas. Escribe en tu diario esta oración.

Me siento culpable por ....

Escríbela cuantas veces necesites y saldrán cosas que ni tú sabías te hacían sentir culpable. Una vez hecho esto, ve al segundo paso.

2. Ten la voluntad de cambiar. Tu voluntad lo es todo cuando hablamos de un cambio. No tienes que sentirte listo, saber cómo hacerlo, ni estar 100% seguro. El amor sólo necesita tu 0.0001 por ciento de apertura para obrar milagros.

3. Toma acción. Una vez observada y cultivada la voluntad de cambiar esos errores llega el momento de actuar. Recuerda que todo aprendizaje que no se aplica se vuelve entretenimiento espiritual, y si realmente quieres ver un cambio radical en tu vida, a partir de hoy tu acción es indispensable. En este paso te propongo estar dispuesto a hacer los pasos 8 y 9. No me importa si tienes un problema de adicción o no, el programa de los 12 pasos es sumamente espiritual y creo que **TODOS** podemos beneficiarnos de esta gran guía de trabajo interno.

Compra el libro de *Los doce pasos y las doce tradiciones* y lee específicamente los números 8 y 9. También (si lo sientes) asiste a una junta y consigue una madrina o un padrino que te apoyen en el proceso.

Yo personalmente lo hice con una madrina. Fue de las cosas más sanadoras y transformadoras de mi existencia.

Deja ir el escenario que hay en tu mente sobre cómo "deberían" ser las circunstancias perfectas para reparar el daño hecho.

Estos pasos también reparan la relación que tienes contigo misma. Sobre todo si pasas por una recuperación de adicción o desorden alimenticio; entonces, con más razón necesitas reparar tu relación contigo, perdonarte y, en la medida de lo posible, reparar todo ese daño autoimpuesto.

A algunas personas les cuesta mucho trabajo perdonarse.

TE SERÁ MUCHÍSIMO MÁS FÁCIL PERDONARTE CONFORME TE DECIDAS A **PEDIR PERDÓN** A QUIENES HERISTE.

Fearless Wisdom

Poco a poco. Un día a la vez.

Si sientes miedo e inseguridad para llevar a cabo este proceso, aférrate a esta gran y poderosa oración:

Dios: concédeme serenidad para aceptar las cosas que no puedo cambiar, valor para cambiar las que sí puedo y sabiduría para distinguir la diferencia.

LECCIÓN 20

El tren del no

¿Por cuánto tiempo has complacido a los demás?

¿Alguna vez te preguntaste si la vida que vives ahora es realmente la vida que tu alma te impulsa a vivir?

Muchas personas, cuando se dan tiempo de **PARAR** un momento y estudiar su vida hasta la fecha, descubren que han vivido una vida ajena.

Muchas veces seguimos los mismos pasos de nuestros padres. Esto puede suceder sin darnos cuenta porque es lo que siempre viste en tu familia y nada más sigues un caminito ya trazado, o tal vez quieres complacerlos. Te da miedo hacer frente a lo que tu madre o tu padre dijo que era lo mejor para ti, aun si sabes que no es así. Quizá estudiaste ingeniería pero realmente querías ser músico, o pintor o, la verdad, amas la actuación.

LA GENTE QUE NOS AMA **INTENTA GUIARNOS** DE LA MEJOR MANERA, PERO MUCHAS VECES SE VE LIMITADA POR EL TÍPICO "PROGRAMA" DE FAMILIA.

Fearless Wisdom.

Por ejemplo, yo vengo de una familia de abogados y la parte académica es sumamente importante. Mi papá cree firmemente que estudiar derecho resuelve todos los problemas de la vida. Siempre me decía: "Coral, estudia derecho y después haces lo que quieras. Con una licenciatura en derecho tendrás seguro un trabajo." No le hice caso, estudié comunicación con la mentalidad de "es lo menos peor".

Recuerdo cuando le dije que lo que realmente deseaba era ser tarotista, ¡es cierto! Me dijo: "Perfecto, sé tarotista, pero licenciada en comunicación."

Yo jamás fui buena en la escuela. Nunca me gustó, lo que realmente me agradaba de la escuela eran las excursiones y los deportes.

Siempre amé la parte mágica de la vida, pero jamás tuve claridad ni valor para salirme de la escuela y seguir mi corazón o dedicarme a un deporte profesionalmente. Seguí (en esos momentos) el camino trazado por la sociedad y entré a la universidad. Me tardé ocho años en acabarla.

Pero eso sí, ¿derecho? Con gran dolor de mi corazón dije: **¡NO!**

Ése no era mi sueño. No sentía que necesitaba buscar seguridad, sino encontrarme a mí misma y mi misión en la vida. Yo siempre fui mucho más artística y filosófica...

Yo creo que poca gente ha encarnado esta gran lección como lo hizo Steve Jobs en su discurso en la Universidad de Stanford:

"PRÁCTICAMENTE TODO, LAS EXPECTATIVAS DE LOS DEMÁS, EL ORGULLO, EL MIEDO AL RIDÍCULO O AL FRACASO, SE DESVANECE FRENTE A LA MUERTE, DEJANDO SÓLO LO QUE ES VERDADERAMENTE IMPORTANTE."

RECORDAR QUE VAS A MORIR ES LA MEJOR FORMA DE EVITAR LA TRAMPA DE QUE TIENES ALGO QUE PERDER. YA ESTÁS DESNUDO.

NO HAY RAZÓN PARA NO SEGUIR A TU CORAZÓN.

"TU TIEMPO ES LIMITADO, ASÍ QUE NO LO GASTES VIVIENDO LA VIDA DE OTRO.

NO TE DEJES ATRAPAR POR EL DOGMA, QUE ES VIVIR SEGÚN LOS RESULTADOS DEL PENSAMIENTO DE OTROS."

"NO DEJES QUE EL RUIDO DE LAS OPINIONES DE LOS DEMÁS AHOGUE TU VOZ INTERIOR."

"Y LO MÁS IMPORTANTE, TEN EL CORAJE DE SEGUIR A TU CORAZÓN Y A TU INTUICIÓN."

"DE ALGÚN MODO ELLOS YA SABEN LO QUE TÚ REALMENTE QUIERES SER.

TODO LO DEMÁS ES SECUNDARIO."

STEVE JOBS

Deja de buscar la aprobación de los demás.
Deja de pedir la opinión de todo mundo para saber qué hacer.

CONFÍA EN TI.

Hoy quiero que te preguntes:

¿Vives la vida que en verdad amas? ¿Te levantas los lunes feliz por la semana que te espera?

Si contestaste "no" a alguna de estas preguntas, muy probablemente es porque no has tenido la capacidad de decir **NO** en tu vida y haces algo que no se alinea con la persona que realmente eres y quieres ser.

Ahora pasemos a otra manera en la que muchas veces fracasamos en decir **NO**.

En nuestras relaciones interpersonales.

Dime: ¿Has sido una mujer que le encanta complacer y quedar bien a pesar de sí misma?

Siento decirte que complacer a alguien es una de las peores maneras de fortalecer nuestra relación con esa persona. Hay esa noción en tu mente: si complaces quedas bien y todo va de maravilla, pero te voy a mostrar por qué de hecho es al revés; quedas mal y haces un gran daño a la relación cuando intentas complacer.

El problema es que la gran mayoría de nuestros resentimientos y frustraciones vienen de la incapacidad para decir **NO**.

Nos da tanto miedo el "rechazo y abandono", que preferimos decir sí a cosas que **NO** queremos hacer.

ACABAMOS ESTRESADAS, RESENTIDAS Y ENOJADAS.

El escenario va más o menos así: llega una persona, puede ser una amiga que admiras porque está guapa, es *fashion* y tiene muchos seguidores, y desea que hagas algo que tú no quieres hacer, porque no tienes tiempo, te saca de tu plan original o no va de acuerdo contigo; sin embargo, el patrón del miedo se prende y dices "está bien". Haces de malas lo que te pidió, mientras tu voz interna empieza a hablar muy fuerte y dice que eres "débil". Después te enojas con esa persona (sin decirlo) porque inconscientemente la culpas de lo que tú elegiste y empieza la historia del resentimiento.

Resentimiento hacia esa persona y hacia ti misma porque no le hiciste frente.

¿Y sabes qué pasa cuando te enojas contigo misma?

Inconscientemente te castigas. Castigarte es una de las grandes causas de buscar la comida o el alcohol compulsivamente, y comportamientos destructivos en general. ¿Te ha pasado? ¿Acabas comiendo porque estás enojada? Es mucho más común de lo que crees, no estás sola.

Es difícil creerlo, pero muchos comportamientos adictivos se sanarían si desarrolláramos la capacidad de decir **NO** e hiciéramos lo que nuestro corazón dicta. Esto es lo que he visto en mi vida y en mi práctica privada ayudando a mujeres de todo el mundo a sanarse. Al final del día el problema no es tanto la comida como llevar una vida interna vacía, ávida de aprobación.

Es importante asumir la responsabilidad de que cuando esto pasa no es culpa de la otra persona. El mundo entero puede pasársela pidiéndote favores y diciéndote qué hacer; al decir sí, cuando quieres decir **NO**, el trabajo lo tienes que hacer tú.

¿Te gustaría decir no y tomar tus propias decisiones sin depender de los demás?

Decir **NO** es una habilidad que se aprende. Empieza poco a poco a practicarla.

Haz el siguiente ejercicio. Enumera tres actividades que haces y **NO** deseas hacer en realidad.

1. ....

2. ....

3. ....

¡DEJA DE HACERLAS!

Es momento de retomar tu poder y subirte al tren del **NO**.

ACCIÓN DEL DIA: Di **NO** dos veces hoy.

No, no puedo hacerte este favor.

No, no voy a trabajar en esto que no me gusta.

No, no quiero salir hoy.

No, no puedo ir a verte.

No, no tengo ganas de ir a la fiesta de tu hermana.

No, no voy a pedir postre.

No, no voy a tomar.

El simple hecho de retomar este poder y decir no, te liberará de mucho, muchísimo estrés, ya que la mayoría de la gente se enfoca en lidiar con él en lugar de soltar los conflictos que le causan estrés en primer lugar, estrés innecesario de la vida. ¿Me explico?

Claro que hay estrés en la vida y es normal, no lo puedes controlar, pero mucho de ese otro estrés sí está bajo tu control.

Al aprender a decir **NO**, sin miedo y poner límites, aun contra tu propia familia, te liberarás de toneladas de estrés, créeme.

Ahora sí, trepada en el tren del **NO** vamos a estudiar qué otras cosas puedes hacer para liberar estrés que no controlas.

Aquí van algunas sugerencias y puedes empezar hoy.

1. Ejercicio. Es el anti-estrés natural más poderoso. Podrías practicar un deporte que te guste. Porque aquí la clave para hacer ejercicio consistentemente es que te diviertas.

2. Yoga. Por años los grandes sabios han sabido de los poderes curativos del yoga. Ábrete a la posibilidad de que esto funcione para ti. Te recomiendo mucho kundalini yoga pero cualquier yoga estará perfecto.

3. Respiración. Aprende técnicas de respiración efectivas. Dentro del yoga que escojas encontrarás muchas técnicas efectivas para liberar el estrés a través de la respiración.

4. Meditación. Es el ejercicio más efectivo para reentrenar la mente, y una mente entrenada es una mente libre de estrés. En mi blog meditaciones.coralmujaes.com hay tres meditaciones gratis para ti o busca algún centro de meditación cercano.

5. Escribe. Escribe todas las noches en tu diario, recapitula tus días. Escribir es el lenguaje del alma y permitirá a tus emociones fluir armoniosamente sin tener que "comértelas" después.

6. Habla. Llama a tu coach, consejero o una amiga y exprésate. Habla de tus emociones y de lo que tengas necesidad de decir.

7. Love Circle. Llámale a una compañera de Facebook y busca apoyo. Escucha alguna de las meditaciones del mes, repite el mantra, escucha el Podcast. *Love Circle* está lleno de herramientas para no sentirte sola y manejar de una manera inteligente el estrés de la vida cotidiana. Inscríbete aquí: love.coralmujaes.com

¡Retoma tu poder y recupera la fidelidad a ti!

LECCIÓN 21

Ser generoso es recibir

"SI EXISTE ALGO POR LO CUAL HE LUCHADO EN MI VIDA ES POR SER MÁS GENEROSO. NO ME VIENE NATURALMENTE. HE TENIDO QUE EVOLUCIONAR POCO A POCO DESDE UNA PERSPECTIVA DE ESCASEZ (DONDE SIENTO QUE DEBIDO A QUE LOS RECURSOS SON FINITOS, DAR A OTROS EQUIVALE A RESTARME A MÍ) A UNA MENTALIDAD DE ABUNDANCIA."

VÍCTOR HUGO MANZANILLA

Sin duda una de las lecciones más grandes que aprendí en 2016 fue la de dar. Siempre pensé que dar significaba que yo me quedaría sin "eso" que daba y, por lo tanto, era un sacrificio.

Con esta creencia me costaba mucho trabajo ser generosa con las personas y las causas. Me identifico mucho con la frase de Víctor Hugo Manzanilla.

Me identifico por completo con esas palabras.

Lo que no sabemos es que, de hecho, debemos invertir lo que tenemos. Es en nuestro acto de dar cuando abrimos las puertas para recibir. Dar es el equivalente a coleccionar monedas de oro en el banco del universo que las multiplica para luego hacérnoslas llegar de maneras que no te imaginas.

Además, aquí hay un *Fearless Wisdom* poderoso:

CUANDO DAMOS, LE MANDAMOS **SEÑALES** AL **UNIVERSO** DE QUE TENEMOS MÁS QUE **SUFICIENTE**.

Es decir, vibramos con una idea de abundancia en vez de carencia. Y es lo que te hace irresistible ante la abundancia: su misma energía.

El dinero es solamente energía, por sí solo no tiene significado. En realidad, es un papel con impresos, es insignificante.

Me tardé mucho en aprender este principio espiritual pero una vez que lo dominas te darás cuenta de que sin esfuerzo puedes manifestar todo tipo de bendiciones en tu vida.

Cuando hablamos de abundancia generalmente pensamos en dinero y eso está bien; pero hay mucho más que la abundancia económica, puedes ser abundante en salud, en amistades, en amor y tiempo.

Si te sientes bloqueada en cualquier área de tu vida piensa que tal vez una creencia de carencia está bloqueando la llegada de lo que tanto anhelas.

"Te conviertes en lo que piensas."

Si piensas en carencia eso serás. En cualquier área de tu vida. Esto también funciona en relaciones de pareja. Si crees que no hay hombres que valgan la pena, eso tendrás en tu vida. Recuerda que el universo está aquí siempre para darte la razón.

Yo aprendí esta lección de la generosidad una vez que estuve harta de depender siempre económicamente de mis padres y quise desarrollar la capacidad de manifestar mi propia abundancia. Sabía que podía hacerlo pero no tenía idea de cómo. Estuve en el mundo de las adicciones y la fiesta tanto tiempo que en lugar de estar practicando mi habilidad para ganar dinero estaba enfocada en recuperarme.

Una vez que liberé el espacio energético de la obsesión corporal, la dieta y la comida, me puse las pilas para practicar todos los principios espirituales que estudiaba, independizarme y volverme una mujer abundante y exitosa a nivel profesional. Porque, como dice mi amigo Oscar Velasco: "Tú puedes ser, hacer y tener cualquier cosa que desees si aprendes cómo hacerlo".

Para ello, la receta es la siguiente:

1. Aprender las cosas correctas.
2. Repetirlas correctamente en el tiempo adecuado.
3. Aplicarlas consistentemente.[4]

Y en verdad la lección de abundancia más importante que aprendí fue la de dar.

....

[4] Oscar Velasco, *El éxito es una habilidad que se aprende*, Aguilar, p. 32.

Empecé a repetirme a mí misma el siguiente mantra: "Estoy dispuesta a dar, estoy dispuesta a pagar por un estupendo trabajo."

La razón de la segunda afirmación es que una de las áreas en donde más me costaba dar era al pagar los salarios de la gente que trabaja para mí. Siempre buscaba regatear el trabajo de las personas que contrataba y, como dicen, elegía a quien cobraba "más barato."

Al final del día, lo barato sale caro. Siempre.

Sobre todo porque yo quería jugar en un nivel muy alto. Comprendí que si no me gustaba que mis alumnas regatearan mis precios, yo no debía hacerlo con nadie.

También aprendí que recibiré la calidad por la que pague: si pago "barato", recibo "barato". Es una ley universal y nadie se la puede saltar.

DA **MÁS** DE LO QUE QUIERAS **RECIBIR.**

 *Fearless Wisdom*

Si quieres más dinero da más dinero. Da a una causa que llame a tu corazón, págale de vez en cuando la comida a un amigo, coopera en tu casa con algo, incluso si alguien se ocupa de ti económicamente y no lo necesita. Entre las cosas mágicas que he hecho en mi vida está pagar el súper de un desconocido. Son actos de bondad y generosidad.

El Universo ama a la gente generosa y siempre encuentra maneras de dar más, porque sabe que mientras más tengas más darás. Dar es total felicidad.

Las veces que has ayudado a alguien económicamente, ¿cómo te has sentido? ¡Increíble!, ¿no es cierto? Es porque la energía de dar es súper alta y trae felicidad absoluta. Razón por la que dar te convierte en un imán de abundancia total.

Tu felicidad y alegría cuando das se vuelve irresistible ante este universo abundante.

Ahora bien, sé que esto no es fácil si, como yo, compartes ese prejuicio de que dar significa perder lo que das.

Para esto tengo recursos mágicos que te ayudarán a cambiar esa idea para que empieces a manifestar abundancia en el área de tu vida donde la necesites.

El Universo no se tarda en traerte lo que quieres, eres tú quien se tarda en tomar la decisión de cambiar.

Antes de darte los pasos para transformarte y ser una persona generosa, quiero decirte por qué es importante hacerlo.

Ser generosa te ayuda a desapegarte (entre más apegadas estamos a las cosas materiales más infelices somos).

→ Ser generosa te enseña a ser agradecida.
→ Ser generosa te da un sentido de propósito.
→ La generosidad es la base fundamental del liderazgo.

¿CÓMO SER MAS GENEROSA? Cambia tu mentalidad, tu noción de dar. Recuerda que dar no es perder, porque tienes la certeza de que hay mucho mas de donde eso vino y jamás te faltará, al contrario, lo recibes multiplicado.

➥ **1. Practicar generosidad es un principio de salud mental.** Además hay que aprender a dar sin esperar nada a cambio. No tienes que ser la persona que controle la manera de obtener ganancia al dar. Eso déjaselo al Universo.

➥ **2. Empieza a dar algo que sea importante para otra persona.** Pensar en los demás antes que en ti atraerá la felicidad al final del día.

➥ **3. Comienza por poquito.** Todos los días el universo ofrece oportunidades de ser generoso. Y esto no tiene que ser en dinero. Puedes incluso ser generosa con tu sonrisa, un gesto de amabilidad, ayudar a alguien a abrir la puerta, ofrecer tu asiento en el tren o camión, ofrecer un cumplido.

Hay mil maneras de dar. Sé creativa y empieza poco a poco.

➥ **4. Da de corazón.** No te arrepientas de tu generosidad aunque no sea reconocida. Recuerda que los ojos del universo lo ven todo.

➥ **5. Cuando das, te das a ti mismo.** Uno de los sutras de la era de Acuario, influencia zodiacal en la que nos encontramos, es: "La otra persona eres tú." Todos somos uno, cuando das, te das.

LECCIÓN 22

Vivir para el cuerpo

"SOY UN TONTO SI CONSCIENTEMENTE VIVO EN EL FÍSICO.
SOY TODAVÍA MÁS TONTO SI CONSTANTEMENTE
ADMIRO Y ADORO MI CUERPO FÍSICO.
SOY EL MÁS TONTO SI VIVO SÓLO PARA SATISFACER
LAS NECESIDADES DE MI EXISTENCIA FÍSICA."

ANÓNIMO

Del cuerpo obtenemos mensajes de apego. Del alma obtenemos mensajes de desapego.

Nuestro cuerpo físico tiene una razón de ser. Pero en este planeta perdemos la objetividad respecto a nuestra materialidad. El cuerpo pasa de ser un instrumento a través del cual venimos a aprender lecciones espirituales, a ser nuestro ídolo, lo que nos define en la vida y en muchos casos la razón principal de nuestros sufrimientos.

Cuántas personas agonizan, literalmente, porque no se gustan a sí mismas. Es una lucha diaria con el espejo, con su cuerpo, con su cara.

Una vez leí:

"CUANDO ESTAMOS APEGADOS AL CUERPO FÍSICO NOS VOLVEMOS IMPULSIVOS. CUANDO ESTAMOS APEGADOS AL CUERPO FÍSICO NOS VOLVEMOS EXPLOSIVOS. CUANDO ESTAMOS APEGADOS A LA MENTE NOS VOLVEMOS DESTRUCTIVOS."

Si vives para satisfacer las necesidades de tu ego y tu cuerpo físico, vivirás una vida muy limitada y controlada.

UNA **VIDA CONTROLADA** SÓLO ACARREA SUFRIMIENTO.

Fearless Wisdom

Aquí entra uno de los principios más importantes que estudio y practico lo mejor que puedo en mi día a día, para alcanzar una vida de verdadera felicidad y paz interior.

EL DESAPEGO.

Los primeros 30 años de mi vida estuve totalmente envuelta en un apego enfermizo a mi cuerpo. Lo utilizaba para obtener atención, status, reconocimiento y crear "conexión". Pasaba tanto tiempo en los gimnasios y centros de entrenamiento en los que, para pertenecer, tenía que "estar buena y fit".

Mi cuerpo físico me poseía por completo.

Pasé años comparando mi cuerpo con el de otras mujeres, creía que era mejor que los cuerpos más grandes y me sentía amenazada el día que llegaba una niña más flaca y/o, ¡Dios no lo quiera!, más marcada que yo. Abusé de mi cuerpo con alcohol, drogas, estrés, bulimia y comer compulsivamente. Lo peor de todo: abusaba de él con mis pensamientos de miedo y ansiedad. Pase décadas con este apego irracional y como resultado utilizaba el mundo exterior para satisfacer mis necesidades.

CONSTANTEMENTE BUSCABA UNA SOLUCIÓN EXTERIOR PARA UN **PROBLEMA INTERIOR**.

Fearless Wisdom

Durante mi recuperación aprendí, poco a poco, a sanar mi percepción del cuerpo físico y desapegarme de él.

En mi vida la manera en que el apego se manifestó más fuertemente fue en mi cuerpo. Esto no significa que sea el único que existe y con el que tenemos que trabajar, aunque la mayoría de las veces para nosotras es el más importante.

A raíz de esta "eterna" lucha conmigo, caí de rodillas una vez más para pedir ayuda.

Llegó a mis manos *Un curso de milagros*.

Me convertí en una fiel estudiante del curso y sus enseñanzas.

Después me volví seguidora de maestras como Marianne Williamson y Gabby Bernstein, ellas enseñan *Un curso de milagros* en un idioma que yo podía comprender.

Gracias al curso aprendí que el único propósito de mi cuerpo es ser un vehículo a través del cual aprendo mis lecciones espirituales que consisten en regresar al amor, mismo que, demuestra *Un curso de milagros*, por sí solo no tiene ningún significado.

Cuidar y honrar a mi cuerpo físico, se ha vuelto más fácil a raíz de este cambio de percepción y esta práctica constante de desapego del cuerpo e identificación con el alma.

Piensa en todos los aspectos de tu vida a los que te apegas: a un resultado, a una idea, a una relación, al estatus, a cuántos seguidores tienes en Instagram, a que tu cuerpo luzca de una manera, a tu trabajo, al reconocimiento del exterior.

Practicar el desapego de manera cotidiana es una de las fórmulas más eficaces para recuperar tu vida y ser feliz. Cuando dejamos de controlar nuestra vida abrimos los brazos para recibir las bendiciones que el Universo nos ofrece. *Un curso de milagros* dice que nuestra tarea no es hacer que las cosas pasen sino derribar todas las barreras que impiden que esas cosas lleguen a nuestra vida.

"LOS MILAGROS SON NATURALES"

Un curso de milagros

He descubierto que nuestra barrera más grande es el apego. Sufrimos porque estamos apegadas a todo. Tenemos una necesidad de control muy pero muy fuerte.

El desapego tiene mala reputación. Creemos que ser desapegadas es ser indiferentes, es dejar ir todos nuestros bienes materiales; en pocas palabras, creemos que el desapego es algo torcido, que desprenderte de algo significa que pierdes.

Nada está más lejos de la verdad.

La definición de desapego es liberar le necesidad de tener algo. Deja de considerarlo como "éxito" o "fracaso".

DESDE UNA PERSPECTIVA ESPIRITUAL, PARA **OBTENER** ALGO DEBES **RENUNCIAR** A LA NECESIDAD DE TENERLO.

Fearless Wisdom

"El verdadero desapego es separarte de la vida –dice Ron Rathbun– pero con absoluta libertad de tu mente para explorarla."

A lo mejor en estos momentos piensas: "De acuerdo, Coral, ya me quedó claro que necesito desapegarme; pero, 1. ¿Cómo sé a qué le tengo apego? y, 2. ¿Cómo empiezo a desapegarme?"

Excelentes preguntas. Es más fácil de lo que crees. En verdad la vida es simple.

LA MANERA MÁS SENCILLA DE SABER SI ESTÁS **APEGADA** A ALGO ES A TRAVÉS DE TUS EMOCIONES.

Fearless Wisdom

Sabrás que estás apegada a algo si tienes los siguientes sentimientos respecto a esa situación, cosa o persona:

ANSIEDAD

MIEDO

ESTRÉS

FRUSTRACIÓN

NECESITAS CONTROLAR

ENOJO

CELOS

VACÍO

Si cierras tus ojos, visualizas en tu mente esa situación, cosa o persona y te causan alguno de esos sentimientos, estás apegada. Todo lo que te produce estrés y sufrimiento viene del apego: a un resultado, al control de la situación.

EL APEGO SE RESUME EN: **QUERER CONTROLAR** UN RESULTADO.

☆ ✦ ☆ ✦

Fearless Wisdom

Si sientes que debes controlar y no confías en que las cosas que deseas ocurran, caes en la trampa del "control espiritual" (ve a la lección 15).

Si no confías en que va a pasar, bloqueas que pase. Tu bloqueo sólo causará más estrés y frustración, pues estarás vibrando en una energía de baja frecuencia.

Necesitas cambiar tu manera de vivir y desapegarte de las cosas que más quieres si quieres que en verdad lleguen.

Es una paradoja pero es real.

Aquí va la receta con cinco recursos para practicar esta increíble herramienta de liberación.

1. Identifica tus apegos. Observa tu mente, vuélvete la estudiante de ti misma y observa qué pensamientos tienes constantemente. Afina tus habilidades de conocerte a ti misma y descubre a qué partes de tu vida estás apegada. Puede ser a tu cuerpo físico, a controlar tu comida (estar en dieta crónicamente), a tu pareja, al estatus.

Reconoce que el apego viene con una carga emocional. Observa también en qué parte de tu cuerpo físico sientes este "nudo" energético. Para esto puede ayudarte mucho llevar un diario de tu vida cotidiana. Escribir es la herramienta de claridad más poderosa que hay.

Escribe qué te estresa o frustra, qué intentas controlar constantemente. Eso te dará la información para descubrir tu patrón. Una vez que lo identifiques, podrás practicar el cambio al desapego.

2. Distingue entre la voz de tu ego y tu situación actual. El ego es caótico y fatalista. El tono que lo caracteriza es la culpa y la vergüenza. Tu situación actual jamás es realmente como la percibes si la ves a través del ego. Es importante reconocer ambas voces en ti y no engancharte con la voz que alimenta tus apegos.

Por ejemplo, mi ego me dice: "Estás gorda, tienes muchas grasa aquí, no eres suficientemente buena para controlar tu comida, come menos, no tienes tiempo para nada." Son algunas cosas que mi ego me dice constantemente para mantenerme con miedo y apegada al control.

Diferenciar, sin pelearte, te facilitara liberarte de esas voces.

3. *Abraza la incertidumbre.* Estamos apegadas a un resultado porque no confiamos en el proceso natural de las cosas y sentimos que debemos controlar. El control crea apegos de todo tipo. Sólo nuestra voluntad de abrazar lo desconocido da seguridad.

El conferencista y escritor hindú Deepak Chopra afirma: "Aquellos que buscan seguridad en el mundo exterior lo persiguen toda la vida."

4. *Medita.* La meditación entrenará tu mente y serás capaz de quitarle la carga emocional a ese apego. Lo que crea tanta expectativa es tu historia interna respecto a esa situación. Sólo con la meditación podemos, no tanto apagar la mente, sino entrenarla y ponerla al servicio de nuestra alma. Conocerla y saber reconocer cuándo cualquier situación empieza a convertirse de un genuino deseo a un apego intenso será mucho más fácil.

5. No te castigues por tenerlo. La peor estrategia para cambiar algo es sentir culpa y miedo. Si verdaderamente buscas desarrollar una mentalidad de desapego es importante hacerlo a través del amor, la confianza y la aceptación. No busques pelearte con tus apegos, libéralos momento a momento. Cuando te veas recayendo en esa conducta controladora, en vez de decir "soy una tonta, nunca lo lograré", observa tu comportamiento sin enjuiciarlo y elige conscientemente algo diferente. "Elijo ver esta situación de una manera diferente": esta afirmación por si sola crea milagros.

Recuerda, poco a poco se llega lejos.

LECCIÓN 23

La paciencia desespera

"LA PACIENCIA ES LA MÁS HEROICA DE
LAS VIRTUDES, PRECISAMENTE PORQUE CARECE
DE TODA APARIENCIA DE HEROÍSMO."

GIACOMO LEOPARDI

La paciencia es una de las más grandes virtudes y desarrollarla a veces resulta muy difícil. Cuando las cosas no van de acuerdo con nuestros deseos, creemos que no sucederán.

Hay mucho valor en desarrollar la capacidad de esperar. Soltar las riendas, nuestros planes perfectos de cuándo y cómo deben suceder las cosas, y dejar que el Universo actúe sobre lo que deseamos.

Créeme, si eso que tanto esperas es para tu mayor bien, no hay nada que le impida llegar a ti. Lo único que lo frena es tu desesperación y tu intento constante de controlar la manera y el *timing* en el que tiene que llegar.

¿Te has dado cuenta que cuando actúas desde el miedo te equivocas?

Si eso que deseas no ha llegado, a lo mejor no estás preparada para recibirlo. Pero el universo hace esto de manera muy amorosa.

Recuerdo cuando al principio de mi carrera como escritora y conferencista quería que todo mundo supiera de mí. Quería ser entrevistada por todos los medios de comunicación y estar en los mejores programas de tele. En ese momento yo todavía estaba confundida respecto a cuál era el mensaje real que quería compartir y por consiguiente todo lo que decía era muy confuso.

Pero yo sentía que mi trabajo no era lo suficientemente bueno a menos que fuera reconocido por determinada gente, o en mis redes sociales tuviera tal número de seguidores, etcétera. También me acuerdo que en esos momentos mis redes eran un caos, porque internamente no tenía claro mi mensaje ni podía transmitir coherencia. Ponía una foto y si no tenía el número de *likes* que esperaba lo interpretaba como señal de que mi foto no era buena, así que muchas veces la borraba, escribía una cosa, después no me gustaba y la quitaba. Cero certeza y cero convicción.

El Universo sabio, advirtiendo que yo no estaba lista para llegar a grandes masas, hacía que mis intentos por contratar a una PR no fluyeran. Siempre pasaba algo que retrasaba ese proceso. Obvio, yo quería eso **¡YA!** Sentía que debía tenerlo en ese momento y, según yo, estaba lista.

¡No sabes mi frustración!

CUANDO LAS COSAS QUE QUEREMOS
NO SUCEDEN Y NO FLUYEN ES PORQUE
NO ESTAMOS LISTAS TODAVÍA

Fearless Wisdom

No significa que estés mal, que no eres suficientemente buena, o que no vaya a pasar; sólo significa que necesitas más entrenamiento para que el día que llegue no lo arruines.

Una vez, una de mis alumnas me dijo: "Coral, no entiendo por qué no llega el amor de mi vida. No conozco a nadie. Te juro que salgo muchísimo, le digo a mis amigas que me presenten a los amigos de sus novios pero nada pega. ¿Estaré destinada a quedarme soltera?" Y en verdad es muy frustrante no tener lo que queremos cuando queremos, sobre todo si consideramos que hemos hecho esfuerzos muy grandes por obtenerlo; sin embargo, en ese momento muy amorosamente la hice observar que, con esa energía de control y necesidad, si el Universo le mandaba al hombre de sus sueños, arruinaría la relación.

Una vez que liberó esa energía caótica y silenció un poco su mente, logró Ver. Aceptó no estar en su centro para entrar en una relación amorosa sana.

El hecho de que no tengas lo que quieres en este momento, es positivo. Quizá el universo te protege e impide que hagas el ridículo.

Te ama tanto, que pacientemente espera que estés lista para recibir. Y por supuesto, recibir de manera que no lo sabotees. Para esto tu trabajo interno es crucial.

Si quieres que algo llegue rápido, enfócate en la parte interna de ti que pueda estarlo bloqueando o corra el riesgo de sabotearlo.

Una vez que energéticamente estés a la altura de lo que deseas, llegará si no hay resistencia en ti. La resistencia viene porque una parte inconsciente de nosotros no se alinea con nuestro deseo. Esto sucede por alguna creencia falsa o alguna programación del pasado que sin querer traemos a nuestro presente. Es necesario liberarla. Para esto, primero descubre que la tienes. Si lo que deseas no ha llegado a tu vida, es momento de echarte un súper clavado en tu interior para estudiar y analizar todas las creencias que impiden que eso llegue a tu vida.

Una vez cambiadas, sanadas y liberadas eliminarás el control. Sin control y resistencia eso que deseas llegará a ti mucho más rápido de lo que crees.

Debes disponerte a soltar y esperar, pero asegúrate de que sea una espera en confianza, una espera feliz. No una espera de "no tengo de otra".

Hay una gran diferencia entre aceptación natural del proceso de la vida y resignación.

No te confundas.

Sólo por hoy afirma:

Soy paciente, confío en el Universo.

Bypass espiritual: ¿transformación o entretenimiento espiritual?

"LA ESPIRITUALIDAD ES UNA GRAN HERRAMIENTA, PERO NO DEBEMOS ESCONDERNOS ATRÁS DE ELLA."

El *bypass espiritual* es un término que inventó el psicólogo John Welwood en 1984. Es el uso de prácticas y creencias espirituales para evitar nuestras emociones dolorosas, heridas no sanadas y necesidades no satisfechas. Es mucho más común de lo que podríamos pensar.

"Parte de la razón de esto es que tendemos a no tener mucha tolerancia, tanto en lo personal como en lo colectivo, para enfrentar, entrar y trabajar profundamente en nuestro dolor, prefiriendo las 'soluciones' adormecedoras, independientemente de cuánto sufrimiento tales 'remedios' puedan catalizar. Debido a que esta preferencia ha infiltrado tan profundamente nuestra cultura, ha llegado a ser casi normalizada, el desvío espiritual encaja perfectamente en nuestro hábito colectivo de alejarnos de lo doloroso, como una especie de analgésico superior con efectos secundarios aparentemente mínimos. Es una estrategia espiritualizada no sólo para evitar el dolor, sino también para legitimar tal evitación, en formas que van desde lo descaradamente obvio hasta lo extremadamente sutil.

"La circunvalación espiritual es una sombra muy persistente de la espiritualidad, manifestándose de muchas maneras, a menudo sin ser reconocido como tal. Los aspectos del desvío espiritual incluyen el desprendimiento exagerado, el entumecimiento emocional y la represión, el énfasis excesivo en lo positivo, la cólera–fobia, la compasión ciega o demasiado tolerante, los límites débiles o demasiado porosos, el desarrollo desequilibrado (inteligencia cognitiva a menudo muy por delante de la inteligencia emocional y moral). Juicio debilitante sobre la negatividad de uno o varios elementos de la sombra, devaluación de lo personal relativo a lo espiritual, y delirios de haber llegado a un nivel superior de ser.

"Si llevas mucho tiempo en el camino de la espiritualidad y no ves cambios tangibles en tu vida probablemente estés cayendo en la trampa del entretenimiento espiritual." Afirma Robert Masters.

Esto es súper fácil de hacer ya que el ego es muy astuto. Cuando una persona busca cambiar y sanar su vida, el camino que toca primero es el del espíritu. En cualquiera de sus formas, a través de un cambio en su alimentación (vegana, crudivegana, macrobiótica y demás), el comienzo de una práctica (yoga, meditación, oración) y, por supuesto, devora libros de autoayuda.

Literalmente se vuelve un *Junkie* espiritual.

Hay una línea muy delgada entre la espiritualidad real de un cambio interno y que éste se vuelva un medio más a través del cual podemos seguir albergando nuestras heridas, nuestros miedos y nuestras adicciones de manera diplomática y bonita.

¿Alguna vez has escuchado el término "ego espiritualizado?"; es mucho más común de lo que crees.

A mí me paso. En algún momento, aunque estaba haciendo todas las cosas "espiritualmente correctas", mi vida no cambiaba.

¿Ya sabes? Hacía yoga, leía a Deepak Chopra, tomaba mi jugo verde, llevaba una dieta alcalina, meditaba y mi vida seguía igual. Esto se manifestaba en el exterior porque no tenía el trabajo que quería, seguía dependiendo económicamente de mis padres, no estaba en una buena relación de pareja, no paraba la obsesión con mi cuerpo, no tenía amistades significativas, etcétera. Y en mi mundo interno, por supuesto, sentía desesperación, ganas de controlar y miedo.

¿Qué estaba haciendo mal?

A mí nadie me advirtió que había algo llamado "entretenimiento espiritual".

Si has hecho todo lo que mencioné y sigues con los mismos patrones de conducta, probablemente te aferraste a la espiritualidad como moda y entretenimiento, no como lo que es: un medio de transformación y conexión.

Bypass espiritual es un término para describir un proceso que pasa mucho hoy en día en esta sociedad. Aunque la gran mayoría estamos sinceramente trabajando con nosotras mismas, me di cuenta de que crece esta tendencia a utilizar ideas y prácticas espirituales como herramientas para no enfrentar nuestros problemas emocionales, heridas psicológicas y situaciones sin resolver.

"Hasta entonces había creído —en una especie de *hubris* espiritual— que la disciplina del autocontrol podría ayudarme a dominar la sombra del mismo modo que había hecho con mi dieta y mis estados de ánimo, que la vida interna profunda y comprometida podría protegerme del sufrimiento, que las creencias y las prácticas esotéricas podrían, al fin, aplacar el poder de la sombra", dice Connie Zweig en *Encuentro con la sombra*.

La espiritualidad es nuestra Verdad y es la herramienta —sin duda alguna— más poderosa que hay para sostenernos, guiarnos y hacernos felices. Pero jamás debe convertirse en nuestra "coartada".

En nuestro idioma, guapa, te daré a continuación algunos ejemplos tangibles de cómo nos manipula el ego.

Ejemplos de egos espiritualizados:

- Tener un Desorden Alimenticio no sanado y disfrazarlo de que estás haciendo un "detox de jugos verdes". Sacando gluten, azúcar, lácteos, harinas y todo lo que puedas por cuestiones de "salud". En realidad, sigues controlando, restringiendo y todo con el objetivo absoluto de estar flaca, aun si tu cuerpo se sume en un caos total (Ésta es súper popular).
- Volverse vegetariano, pero ahora juzgas a todos los que comen carne.
- Hacer meditación, pero en cuanto te sales del *mat* sigues igual de histérica.
- Haces oración pero sigues manipulando la situación. O sea, oras sin fe y por compromiso espiritual, pero no de corazón.
- Te vistes de blanco, pero no eres capaz de ser genuina, amorosa y servicial.

○ Subes fotos de ti "meditando" o haciendo yoga, sólo para obtener respuestas en Instagram. En realidad no te interesan tanto.

● Lees un libro de autoayuda y quieres cambiar a tus hijos, pareja y familia con lo que leíste (ésta también está gruesa).

○ Estás haciendo algo con el propósito de "servir", pero te preocupa más cuánto vas a ganar y lo "bueno" que será para tu imagen pública antes que la transformación y el contenido de tu curso.

Estas son algunas de las maneras súper astutas de un ego que se espiritualizó.

No tienes que sentirte mal o culpable. Hasta cierto punto es normal, es parte del proceso. Pero si algo de lo que escribí antes resonó contigo, ¡qué bien!, estás lista para llevar esa parte de ti a otro nivel.

Lo anterior de ninguna manera tiene el propósito de atacarte o hacerte sentir mal, aunque tu ego te dirá lo contrario. Si te sentiste atacada o molesta, pon atención. Eso indica que esas palabras tocaron fibras de tu ego.

¡Qué bueno!, dale la bienvenida a ver qué áreas de tu vida debes corregir y profundizar en tus enseñanzas. Al ego le encanta que las enseñanzas espirituales se queden en la mente. Le fascina que te las aprendas de memoria, las escribas, se las repitas a la gente o, mejor aún, hagas frases célebres y salgas en bikini en Instagram para obtener mil respuestas. Con tal de seguir enfocada en el cambio externo, el ego es feliz. Esto por supuesto evita que en verdad voltees a tu interior.

Pero no me malinterpretes: no digo que esté mal hablar de tus conocimientos o compartirlos. Yo lo hago y me encanta, aunque debemos revisar con qué propósito lo hacemos. Como dice Tony Robbins: "A mí no me importa lo que hagas, me importa por qué lo haces." Si te atreves a ser honesta contigo, si te abres a escuchar la verdad y te cuestionas el porqué de tus acciones "espirituales", se te revelará desde qué espacio energético estás actuando.

Lo único necesario es la purificación. No se requiere castigo, juicio ni culpa. Si esto pasa, tu ego otra vez se adueñó del *show*.

Yo sé que en verdad estás dispuesta a hacer el trabajo interno para ver los cambios que deseas realizar, de no ser así no estarías aquí.

¿Qué te parecería hacer un *Detox Espiritual?*

La verdadera espiritualidad no tiene nada que ver con algo que hagas a nivel externo. No importa tu dieta, el yoga, tu ropa, ni el tiempo que medites.

Todo está en tu mundo interno, en tomar acción y dejar ir todo lo que crees que sabes de la vida, de ti. Es un cambio absoluto de percepción y de valores.

LOS **VALORES ESPIRITUALES** TIENDEN A SER TOTALMENTE CONTRARIOS A LOS VALORES MUNDANOS. LA ESPIRITUALIDAD VERDADERA ES SIMPLE. ES AMOR. CONEXIÓN Y SERVICIO.

Fearless Wisdom

¿Qué tal que la clave no está tanto en todos los cambios que tienes que hacer, nuevos dones a adquirir, habilidades a desarrollar, virtudes a practicar? Qué tal que la clave de todo es soltar absolutamente todo el control, las ideas con que fuiste educada, los patrones que sabotean tu éxito; soltar a las personas que ya no forman parte de la nueva mujer que quieres ser, soltar apegos, soltar, soltar y purificar…

Entonces saldría tu verdadera persona, que ya existe hoy entera, plena y completa. Tú naciste perfectamente conectada con quien eres en realidad.

Simplemente cuestiona todas las cosas que haces con apariencia de espirituales. Cuestiona verdaderamente su naturaleza. No hagas nada que no sea genuino, que no lo sientas en tu corazón y que no venga del amor.

Te repito, no tiene nada que ver con la acción que realizas hacia afuera, sino con la intención.

EL DETOX ESPIRITUAL VIENE CUANDO LIBERAS LA NECESIDAD DE HACER COSAS ESPIRITUALES Y TE ENFOCAS EN **SER**.

♥ Fearless Wisdom

¡Sé tu mismo!

LECCIÓN 25

Sí importas, pero no tanto

"CUANDO TE COMPARAS CON ALGUIEN MÁS,
TE PIERDES DEL MILAGRO POR EL CUAL FUISTE CREADO."

MASTIN KIPP

El juego de competencia, celos y comparación.

La comparación mata los sueños.

Desde que me convertí en estudiante de los principios espirituales aprendí que la comparación es un cáncer social. En la medida en que más nos comparemos con otras personas, más sufriremos. Podemos caer en la trampa de comparar nuestros cuerpos y trabajos, nuestro estado financiero, nuestros novios y padres. Cualquier cosa puede ser comparada con otra. El problema de caer en el juego de la comparación es que resulta una ilusión.

A nivel intelectual, siempre he sabido que, a menos que haya en este planeta una persona idéntica a ti, con tu mismo ADN, tu misma cara y tu misma personalidad, no tienes competencia.

En el pasado yo sufrí mucho de celos e inseguridad con mis parejas, me obsesionaba con sus exnovias y constantemente creía que de alguna manera seguían pensando en ellas.

Aprendí a ser competitiva desde muy chica. Era atleta de alto rendimiento así que resultaba comprensible que desarrollara esa parte de mí, era parte del juego. El problema vino cuando inconscientemente esa habilidad se volvió parte de mi personalidad y afectó mi vida.

Como adolescente me puse en competencia con mis amigas, en el juego de ver quién era la "líder", quién tenía más poder e influencia sobre las otras, quién tenía el mejor galán, el mejor cuerpo, quién vestía mejor, etcétera. Con mis hermanos competía por el amor y la atención de mis padres, sobre todo de mi madre, y así fui creciendo con esta necesidad de competir para sentirme segura y valiosa.

De alguna manera pasé esa etapa sin tener que enfrentarme tan fuertemente a esa parte no sanada de mi personalidad. Hasta cierto punto, la competencia utilizada en la luz puede ser sana, pero luego se transforma en una parte del ego que trae más estrés y ansiedad que diversión y unión.

Cuando nos comprometemos fuertemente con nuestro trabajo interno, saldrán sin lugar a dudas todas esas sombras que no vemos para ser sanadas. Sobre todo cuando somos adultos y vivimos en la luz.

Como dice Carl Jung:

"LO QUE NO SE HACE CONSCIENTE SE MANIFIESTA EN NUESTRAS VIDAS Y TÚ LO LLAMAS DESTINO."

A lo mejor ya llevas un tiempo recorriendo este camino de la espiritualidad y el desarrollo personal, a lo mejor ya has sanado muchas heridas que detonaban inseguridad, a lo mejor lograste incluso liberar viejas parejas, a tus padres y amistades. Pero siempre hay oportunidad de profundizar un poquito más.

Cuando crees que ya dominaste algo de tu personalidad, serás puesto a prueba.

El Universo funciona como la escuela, cada situación es una "tarea" que necesitas pasar con propósitos divinos. Tenemos que presentarnos a las lecciones.

Hace 4 años tuve una experiencia que me enseñaría en carne viva el significado de estas palabras.

Llegó el momento cuando se publicó mi primer libro, *Yo salí del abismo*. Más que un libro era una parte de mi diario de recuperación, en donde detallo el proceso por el que pasé y voy narrando todos los retos en mi camino a la recuperación. Entonces yo trabajaba con una maestra que me ayudaba por correo electrónico. Antes de sacar el libro recuerdo que le pregunté: "Maestra, convertí mi proceso contigo en un libro, ¿puedo revelar tu identidad y poner tus datos?" Ella respondió: "No."

Lo publiqué sólo diferenciando lo que yo escribía de lo que ella escribía (éramos dos voces diferentes en el libro). Yo continué mi trabajo, abrí mi página de Facebook, empecé a ganar seguidores y gente que se identificaba con mi manera de pensar, con mi filosofía y mis experiencias. Mi proceso con ella duró seis meses, y durante dos años no hablamos, salvo en Navidad (le escribía todos los años para felicitarla por el Año Nuevo). En 2014 le escribí como siempre y esa vez me invitó a su casa por unos días. Me puse feliz.

Le llevé un ejemplar del libro, le enseñé mi página de Face-book y todo el trabajo hecho. Ella también me enseñó los libros que preparaba y me invitó a formar parte de un grupo cerrado en Facebook. Yo siempre le decía: "Maestra, debería usted difundir sus conocimientos para llegar a más gente" y ella se negaba.

El último día, antes de regresar a casa, me dijo: "Me gustaría que ahora sí pusieras en tu página de Facebook que la maestra con la que interactúas en tu libro soy yo." Nada me puso más feliz: por fin había logrado que la maestra saliera del anonimato y publicara sus cosas, que las registrara y abriera un blog, etcétera. Le daba mil ideas para dar a conocer su trabajo, porque en verdad quería ayudarla.

Cuando llegó la hora de publicar su identidad en mi página y con mis seguidores, entré en pánico; una inseguridad indescriptible me invadió, tuve miedo y ya no quería hacerlo. No entendía bien de dónde venía eso si yo era su abogada. Cuando por fin logré que saliera a la luz, yo no quería apoyarla.

Entré en meditación, salí de mi cuerpo y me volví observadora de lo que pasaba. Observé mi mente para entender cuál era mi historia atrás de eso y me di cuenta que mis pensamientos eran: "Si digo que ella fue mi maestra y les doy su página, se irán con ella, ya no me seguirán porque van a preferir a mi maestra, ella es mejor que yo." Salió toda mi inseguridad ante esta creencia: "No soy lo suficientemente buena." Me comparé y me puse en competencia con ella.

Estos ingredientes tóxicos seguían viviendo en mí, sólo era cuestión de que llegara un detonador para que se revelaran.

Lo entendí, pero aún así me sentía intranquila, con miedo e inseguridad. Aunque publiqué sus datos porque era lo correcto.

Después de hacerlo, llamé a uno de mis mentores, necesitaba su guía. Le conté la situación. Sólo me respondió con una frase: "Coral, la gente que consulta tu página es porque conecta contigo, no te dejarán jamás."

¡Qué alivio!, eso trajo mucha paz a mi ser. Gracias a sus palabras me relajé, dejé ir ese miedo irracional y empecé mi camino de recuperación de los celos, la competencia y la comparación. Continué aplaudiendo y apoyando a mi maestra.

Afirma:

Soy autosuficiente, soy única e irrepetible.

Esta experiencia me hizo bajar de la cabeza al corazón esta gran lección:

NO TENEMOS **COMPETENCIA.**

Fearless Wisdom

Situaciones semejantes pueden llegar a tu vida, siempre. A lo mejor ahora compites con ver quién es mejor esposa, quién tiene el más feliz de los matrimonios, quién sólo subió 7 kilos en el embarazo, quién es mejor mamá, abogada, o atleta en tu gimnasio. Comparar nuestro cuerpo físico nunca pasa de moda, así que hay que estar bien atentas a ese veneno.

Aprovecha esas situaciones para recuperar tus verdaderos valores. En mi caso recordé que siempre apoyaré a quienes trabajen para la luz. A la gente que trabaje con pasión, amor y servicio. En cuanto a mis seguidores, ahora me parece algo irrelevante; comprendí que necesitar seguidores para sentir que mi trabajo importaba sólo me hacía sufrir, indicaba que la gasolina que impulsaba mi trabajo era ser importante, y no es por eso que estoy aquí. Esa no es mi misión. No vengo por aplausos, vengo a traer luz.

Pero entiendo de dónde viene esa herida. Por años fui tachada de floja y mantenida en mi familia y, sin darme cuenta, convertí ese dolor en una ávida necesidad de demostrar que estaban equivocados.

MUCHAS VECES ESTA FUERTE NECESIDAD DE PROBAR QUE NO SOMOS "FRACASADOS" PUEDE ESTAR IMPULSANDO LO QUE HACEMOS.

Fearless Wisdom

Debemos descubrir qué hay detrás de esta necesidad de competir, de compararnos siempre. Aunque no lo creas, esto trae ganancias secundarias: en mi caso era probarle al mundo que valía sólo porque no había aprendido a valorarme.

Si tú no te crees capaz, estarás proyectando inseguridad en las demás personas. Esta herida la utiliza el ego para hacerte competir, hablar mal de la mujer guapa que viste pasar, tener celos y compararte todo el tiempo.

Dejemos ir esas viejas maneras de actuar. Déjalo ir, transforma esa necesidad de importancia personal por una necesidad genuina de cooperación y colaboración. Cuando una persona gana, como todos somos uno, tú también ganas.

El Universo es generoso y hay más que suficiente para todos.

Aprende a aplaudir el éxito de los demás, a reconocer la belleza de las demás, sus habilidades, talentos.

No tienes que competir, no debes demostrarle nada al mundo.

EL MUNDO NO TE VALORA POR LO QUE HACES, TE VALORA POR LO QUE **ERES**.

Fearless Wisdom

"NO TENGO NINGUNA HISTORIA PERSONAL,
UN DÍA DESCUBRÍ QUE LA HISTORIA PERSONAL
YA NO ME ERA NECESARIA
Y LA DEJÉ IGUAL QUE LA BEBIDA."

VIAJE A IXTLÁN, CARLOS CASTAÑEDA.

Cuando vibramos con la energía de la importancia personal, debemos manipular las piezas del juego para lograr nuestros objetivos; tanto, que acabamos exhaustos. Sin embargo, con un pequeño cambio de conciencia puedes hacer que todas las piezas del Universo trabajen para ti.

SÉ EL ALQUIMISTA DE TU VIDA Y TRANSFORMA LA GASOLINA QUE IMPULSA TU VIDA.

Recuerda siempre el código de ética de una *Fearless Woman*:

→ Servicio ante Popularidad
→ Contribución ante Importancia Personal
→ Colaboración ante Competencia

¡Haz ese pequeño cambio!

LECCIÓN 26

¿Intuición o resistencia?

"LA ESPIRITUALIDAD PUEDE LIBERAR BLOQUEOS,
CONDUCIRTE A IDEAS Y HACER QUE TU VIDA SEA INGENIOSA.
A VECES, CUANDO ORAMOS, LA GUÍA NOS LLEVA EN DIRECCIONES
INESPERADAS. PODEMOS DESEAR UNA RESPUESTA ELEVADA Y
CONSEGUIMOS LA INTUICIÓN PARA LIMPIAR NUESTRA HABITACIÓN."

JULIA CAMERON

Era un martes en la noche, yo estaba en un entrenamiento importante. Esos días había batallado porque tenía ansiedad por la comida. Recuerdo que escuchaba un video de Susan Pierce Thompson y todo su *approach* a la adicción a la comida. Ella hablaba de tener que entrar en abstinencia total de ciertos alimentos y explicaba exactamente por qué. Por supuesto, era científica y sabía de qué estaba hablando, tenía estudios que respaldaban a la perfección sus argumentos. Yo por años elegí no abstenerme de nada, sino recuperarme por mis propios medios a través de "prueba y error", el único método que había conocido. Pero conforme más conectaba conmigo misma, más me daba cuenta que había algo chueco en mis antiguos métodos. Algo simplemente no se sentía bien.

Esa noche bajé con la intención de no cenar nada de lo que esta mujer decía que debíamos evitar: azúcar de ningún tipo, ni harina de ningún tipo. Dije, "ok". Todo iba muy bien hasta que llegué al área de postres y *pum*: "brownie de chocolate con azúcar de palma de coco". "Qué bien", dije, "no es *azúcar* azúcar, es azúcar saludable. Además si no me lo como ahorita al rato corro el riesgo de comer en exceso en mi cuarto". Así que, como siempre, seguí mis instrucciones mentales y me lo comí. Factores: no abusé de la cantidad, no estoy en sobrepeso ni terminó en atracón, nada. Pero noté que a la hora ya quería otras galletas y que, si te soy honesta, no había dejado de pensar y de luchar contra el antojo de galletas que tendría en mi cuarto el resto de la noche.

ERROR.

Y efectivamente, cuando llegué a mi cuarto me comí una barrita que no tenía por qué haberme comido, me ganó el antojo. Me fui a dormir y al día siguiente dije: "Se acabó." Fui testigo de mi resistencia y tomé la decisión más difícil de mi vida: dejar el azúcar.

Me di cuenta que pensamientos como "esto no es *azúcar* azúcar" o "es una barrita en la noche, no pasa nada" eran mi resistencia más grande. Lo que yo creía que era intuición me estaba bloqueando a poder limpiar mi dieta y poder sentirme tranquila, ligera y libre. A pesar de que dejar ir el azúcar y la harina me daba mucho miedo (no sabía si podría lograrlo), sabía que era lo correcto en ese momento para mí.

¿Te has preguntado alguna vez si escuchas a tu intuición o a tu resistencia y esa confusión te hace dudar de ti y de tus decisiones?

Y, por supuesto, como resultado de eso, ¿permaneces bloqueada o frustrada?

Bien, eso te hace humana.

Cuando sigues tu intuición, el miedo que sientes aumentará, eso es un hecho. Esto significa que, conforme elijas seguir tu intuición, estarás sintiendo una resistencia que viene del miedo.

CUANDO VIVES UNA **VIDA INTUITIVA**, VIVES EN LA INCERTIDUMBRE Y DAS SALTOS DE FE A DIARIO.

Fearless Wisdom.

O, como dicen, aprendes a no "dar paso sin huarache". Esto, viviendo en una sociedad adicta a la certeza, crea mucho miedo y confusión.

La verdadera pregunta no es acerca de resistencia versus intuición. La verdadera pregunta es:

"¿Cómo distinguir entre la resistencia que te invita a crecer y la resistencia que te mantiene atorada?" Como viste en mi historia, para crecer debemos enfrentar aquello que a veces evitamos toda una vida.

Muchas personas con buenas intenciones, al creer que son guiados por su intuición, siguen una activación emocional inconsciente, creada en el pasado. O sea, es una programación vieja de protección.

Entonces, ¿cómo saber cuándo habla tu intuición y cuándo tienes una resistencia de tus patrones de supervivencia?

Es fácil confundir ambas voces. Se sienten igual, son incómodas y tendrán el miedo como emoción principal.

Lo único que puedes hacer es estudiarlas y aprender de ellas, reconocer el lenguaje particular de cada una y la sutil sensación que causan en tu cuerpo.

El ego tiene una manera de funcionar muy compleja y debemos aprender para ser asertivas en cuanto a qué voz nos habla y en qué momento de nuestra vida.

En mi caso el azúcar siempre se ha sentido como lo más "seguro" y me resistí por muchos años a soltarla por completo. Mi miedo me llevó a encontrar muchas maneras de justificarla, ha sido sin duda una de mis grandes lecciones. Aprender a diferenciar mi intuición de mis resistencias. Ahora compartiré contigo lo que aprendí para que distingas esas voces en tu propia vida y salgas del ciclo del famoso saboteo.

SI SIGUES **RECAYENDO,** ESTÁS **RESISTIENDO**.

Fearless Wisdom

Empecemos por explorar la intuición: la intuición viene del alma, es una voz muy suave y tiene conocimiento absoluto de las cosas y situaciones. Digamos que es tu "bruja" interna. Es una certeza que viene de manera espontánea. No puedes explicar por qué, pero es algo que reconoces como verdad. Y una vez que sigues sus instrucciones sólo sientes paz y seguridad, no hay espacio para la duda.

→ La inspiración es una forma de intuición.

→ La creatividad es una forma de intuición. Pero aquí hay un dato importante: la intuición es innata, es decir, nacemos con ella, sólo hay que practicarla y desarrollarla.

→ La intuición no impone.

→ No está cargada y no presiona.

→ Es repetitiva y nunca se cansa.

En cambio la resistencia o ego se sienten:

→ Muy cargados emocionalmente.

→ Suelen estar acompañados de una fuerte necesidad.

→ Sientes urgencia y desesperación.

→ Dudas todo el tiempo.

→ Busca el control.

→ Trae confusión y frustración constante porque una vez que le haces caso y no actúas por resistencia te sientes igual de insatisfecha.

→ Sientes necesidad de confirmar tu decisión (cuando le preguntas a todo el mundo si creen que estás haciendo lo correcto).

Una vez que conoces las características de ambas voces podrás lidiar mucho más fácil con una de las grandes confusiones: la mezcla y lucha entre la voluntad del ser y la del ego.

Absolutamente todas nuestras resistencias vienen del ego.

El camino de la intuición es sutil. Aunque al principio trae mucho miedo hacerle caso a su voz porque, ¿cómo sabrías a dónde te dirige si jamás la has escuchado? Conforme fortaleces tu musculo intuitivo, las energías que te acompañarán son aceptación, desapego y no resistencia ante lo que se tiene enfrente, ya que esto crea paz mental.

No sabes lo bendecida que me siento hoy de poder tomar mis decisiones de vida más importantes basadas en mi intuición. Me ha salvado de cometer mucha tontería, pero requirió práctica y coraje conectarme con ella.

Estar frente a una situación, vista y procesada a través del alma, no se compara jamás con ninguna experiencia pasada. No hay evaluación, ni reacción emocional. No hay expectativas ni exigencias, sólo certeza y reconocimiento.

"NO ATENDER LAS DEMANDAS, EXPECTATIVAS Y FALSAS NECESIDADES DEL EGO PERMITE ENTRAR EN CONTACTO CON EL ALMA. SI LA MENTE NO PRESENTA RESISTENCIA NO HARÁ ECO EN NINGUNA MEMORIA EMOCIONAL INCONSCIENTE QUE PUDIERA CAUSAR PROBLEMAS (DESEOS INSATISFECHOS O PUNTOS DE VISTA ESTABLECIDOS). ENTONCES UNO SOLO OBSERVA Y EVALÚA CONSCIENTEMENTE LA SITUACIÓN DE UNA MANERA INTELIGENTE, CLARA Y TRANQUILA QUE LA LLEVA A ACEPTAR SERENAMENTE LO QUE ESTÁ AHÍ A CADA INSTANTE."

LA PÁGINA DE LA VIDA

Para tener la capacidad de no depender de nuestro ego es necesario conocer el contenido de tu inconsciente.

Por ejemplo: ¿Cómo saber si ese miedo a aceptar esa promoción o nuevo trabajo no es parte de una creencia inconsciente de que no lo mereces?

LO SABRÁS SI TE CONOCES.

Conocerte es liberarte del mecanismo automático mental.

Conocer y tener el valor de explorar todas tus creencias respecto a tu pasado, como la relación con tu padre (que crea el modelo a través del cual las mujeres elegimos hombres en nuestra vida) y tus heridas de infancia. Trabajar en tus antiguos traumas requiere mucho coraje. Saber esto te dará mucha información para entender por qué tienes esa resistencia, por qué esos patrones que fueron creados en tu programación cerebral a partir de experiencias inconscientes de infancia.

Tu tarea aquí consiste en rezar para ser guiada a un coach, mentor o maestro que te ayude a ver qué hay verdaderamente atrás de lo que no está funcionando en tu vida.

Personalmente, la terapia de EMDR me ha ayudado muchísimo a reprocesar gran parte de los traumas de mi infancia que yacían atrás de mis adicciones. Una de las cosas nuevas que descubrí en terapia fue que desarrollé mi desorden alimenticio por nunca haberme sentido nutrida por una figura paterna. Yo siempre pensé que mi dependencia con la comida estaba relacionada con mi madre, pero no era así.

Estos milagros pasan cuando eres *"brave enough to wonder"* y haces el trabajo para descubrir qué te está guiando realmente. Si no sanas seguirás manifestando el mismo problema.

PORQUE NUNCA ATRAEMOS LO QUE **QUEREMOS**, ATRAEMOS LO QUE **SOMOS**.

Fearless Wisdom

Y si te dejas ser guiada por tus patrones y por la voz del miedo no dejarás de recrear la misma situación en tu vida una y otra vez, hasta que haya una interrupción.

Entonces, ¿cómo saber si escuchas a tu intuición o a tu resistencia?

1. Conoce tus heridas. Estudia tu infancia, ten el coraje de ir profundo en ti y sobre todo de tocar los lugares del pasado que da mucho miedo recordar.

2. Cuestiona antes de decidir. "¿Es esto un **SÍ** que viene de mi alma aunque sienta miedo o es un **'NO'** que viene de mi resistencia y saboteará mi crecimiento?"

Por eso es **MUY** valioso tener a un mentor que nos apoye para ver las cosas desde otra perspectiva. Mientras estemos en el ojo del huracán (detonadas emocionalmente), ni aunque queramos veremos claramente.

El 99% de lo que te causa miedo se basa en tu vieja programación y en un sistema de pensamiento justificado en el miedo creado desde la infancia.

No permitas que te detengan. Vivir una vida intuitiva y guiada significa que también tendrás miedo.

Seguir tu intuición atraerá miedo porque te invita a vivir de una manera que tu mente limitada no puede ver.

Esto es una increíble noticia porque significa que tus sueños son posibles.

EL **CORAJE** ES EL MÚSCULO QUE DEBEMOS DESARROLLAR PARA **TRASCENDER**.

Fearless Wisdom

Simplemente da un paso a la vez, y aprende a estar cómoda con la sensación de miedo.

Esto significa que estás creciendo, que eres valiente y pones tu fe en acción.

¡¡Eres increíble!!

La vida es una metáfora

El Universo nos habla todo el tiempo. Su lenguaje no es literal sino metafórico y nos habla a través de los acontecimientos. Las situaciones y las personas son mensajeros. Al hacer una oración, es respondida inmediatamente. El problema es que no escuchamos. No estamos dispuestos a escuchar o no sabemos escuchar.

NADIE NOS ENSEÑA EL IDIOMA DEL UNIVERSO Y NADIE TE LO PODRÁ ENSEÑAR JAMÁS PORQUE EL **UNIVERSO** HABLA EN UN IDIOMA QUE SÓLO TÚ ENTIENDES. ✩ ✦ ✩ ✦

Fearless Wisdom

Por ejemplo, el Universo me habla a mí todo el tiempo a través de mis experiencias. Mover mi cuerpo; desde que tengo uso de razón me apasiona y constantemente me encuentro a través de él.

Recientemente me fui a un *bootcamp* y me pasó algo interesante.

Un *bootcamp* es un retiro intensivo de algo para obtener resultados rápidos. Las actividades son concentradas y muy fuertes. Es sumamente demandante.

Yo fui a uno deportivo y regresé exhausta. Pero lo interesante fue todo lo que aprendí. Estuve con un grupo de amigos, cuatro mujeres y cuatro hombres, todos muy conscientes de su cuerpo físico, la mayoría atletas de alto rendimiento.

El primer día nos levantaron a las 5 de la mañana. En ayunas hicimos un entrenamiento de tres horas: corrimos 10 kilómetros, después hicimos 40 minutos de *hiit* y terminamos con otros 40 de fuerza. Si has hecho alguna de esas cosas sabes que una sola es un entrenamiento completo. Pero el coach nos metió a la energía del "come menos y entrena más", porque parte del objetivo del *bootcamp* era bajar de peso y disminuir grasa de manera acelerada, cosa que yo, ingenuamente, no sabía hasta que llegué.

Nos limitaban mucho la comida y los entrenamientos eran verdaderamente extenuantes. Gracias al cielo yo llevé (contra las reglas) barritas de proteína y amaranto por si acaso. Aunque intenté apegarme a las reglas entré en conflicto con mis valores. En ese momento yo no lo sabía, sólo me sentí confundida y un poco frustrada por no aguantar el hambre como hacían los hombres y me sentí desconectada del Universo. A pesar de todo llevé mi práctica espiritual conmigo en cada momento y eso me sostuvo en momentos difíciles. Además, no me sentía a gusto con mi cuerpo. Escribí, medité y me levanté temprano para hacer oración.

Hubo circunstancias que me marcaron mucho, por ejemplo el primer día. Nos dividieron en dos equipos, ya que el segundo entrenamiento era una competencia en un circuito de terror. No sabes lo difícil que resultó. Era algo como relevos con muchas pruebas de fuerza y resistencia. El circuito en total se hacía en 20 minutos y mientras alguien del equipo lo ejecutaba, los otros lo apoyábamos.

El primer competidor de mi equipo se llamaba Patrick, atleta de alto rendimiento, grande y fuerte. Fue el primero en salir. Más o menos a la mitad del circuito se puso blanco, los dos competidores estaban arrastrándose en el suelo para terminar el circuito. Vi la cara de Patrick y como parte de su equipo me acerqué para apoyarlo. Recuerdo que hizo desplantes con un costal, sudando, exhausto y mi consejo fue: "Pat, aprende a dominar el dolor." Dos minutos después cayó al piso y se desmayó. El coach se espantó porque no podía respirar. Se puso grave la cosa. Le levantaron los pies y tuvieron que hacerle un tipo CPR.

Duró cuatro minutos en ese estado, despertó y le dieron un plátano, así mejoró. Ese acontecimiento pasó y se convirtió en motivo para que lo molestaran todo el viaje.

Sin embargo, lo más importante fue que yo no puse atención al gran mensaje que el Universo tenía para mí a través de ese *bootcamp*.

Yo siempre fui una mujer sumamente exigente con mi cuerpo, mi dieta, mi peso y con todo. Mi mentalidad alrededor de la comida me llevó a desarrollar bulimia, a creer en las dietas extremas y a caer en la ley del "come menos/ejercítate más". Todo estaba en mi inconsciente y el Universo me enseñaba lo **NO** efectivo que era esa estrategia. Era evidente, alguien se desmayó en mi cara cuando salió mi patrón de exigencia extrema proyectado en alguien más.

Al principio y al final del *bootcamp* nos pesaron y midieron. De todos fui la que menos bajé. La verdad es que no me apegué a las reglas, ni me maté de hambre. No quise. Al principio me sentí mal por haber hecho "trampa" y comer cuando tenía hambre, pero algo en mí me guió a hacerlo.

Le platiqué a mi mentor lo sucedido. Yo regresé muy motivada por mi experiencia porque siempre he sido una mujer de retos, pero no tenía la capacidad de aterrizar mis lecciones.

Las metáforas del universo a través de ese *bootcamp* fueron:

1. Escucha a tu cuerpo por sobre todas las cosas. El cuerpo siempre habla y manda señales importantes a través de los síntomas. Si fracasamos en hacer esto, acabamos enfermos y mal, como cuando Patrick se desmayó.

2. Cambia tu mentalidad AHORA. (Amorosa versus Estricta y Controladora)

La mentalidad inconsciente que había regido mi vida hasta ese entonces era: "Se necesita sufrir." Esto me lo enseñó el Universo a través de cómo actué con Patrick. El último consejo que escuchó y lo llevó a quebrarse de esa manera fue "Aprende a dominar el dolor" literal lo siguió, me lo confesó después y mira a dónde lo llevó. Patrick fue mi maestro en ese momento. Me estaba enseñando lo limitada que estaba mi cabeza y mis creencias.

Creencias como "matar a mi cuerpo de hambre", "sufrir para llegar a mi objetivo", "si tengo hambre significa que estoy quemando grasa", "más entrenamiento, más esfuerzo, más de todo", sólo lleva al dolor, a la obsesión y la compulsión cuando es prolongado, que en el mundo del *fitness* inevitablemente lo es. Esto causa que además todo tu mundo gire en torno al cuerpo físico ya que mantener ese nivel demanda toda tu energía al 100%.

No quedará energía para el trabajo interior, mucho menos para servir.

Ese *bootcamp* fue la representación literal de todas las creencias limitantes que ya estaba lista para ver y enfrentar. Pude tener evidencia sólida de lo **NO** efectivas que eran, tuve la oportunidad de ver lo que le pasa al cuerpo, a la mente y al espíritu cuando nos sometemos a ese tipo de pensamientos.

Elegí ver la metáfora de mi experiencia. Era un gran mensaje para mí: estaba siendo llamada a definirme, a elegir mi camino. Podemos estar perdidos, confundidos, a veces con un pie dentro y otro fuera de la vida. Pero eventualmente siempre somos llamados a tomar esa decisión final.

A TRAVÉS DE METÁFORAS EL **UNIVERSO** EXIGE **DEFINICIÓN**.

Fearless Wisdom

¿El camino del miedo, el del apego, el del cuerpo? ¿O el camino del amor, la confianza, la fe, la libertad y el servicio?

PREDISPOSICIÓN A LA CARENCIA VERSUS PREDISPOSICIÓN A LA ABUNDANCIA

A través del *bootcamp* aprendí rápido que en el mundo de la nutrición y del ejercicio, como en todo, hay dos predisposiciones: Carencia y Abundancia.

Normalmente se habla de esto únicamente en el área de las finanzas, pero el Universo me enseñó esta lección durante ese viaje: fue la representación absoluta de la predisposición a la carencia.

Las creencias de mi nutriólogo y asesor hasta ese momento eran: "Come menos y entrena más." Invalidaba nuestras sensaciones corporales. Cuando alguien tenía hambre él decía: "No tienes hambre, es ansiedad", "no aguantan nada".

En resumen, restricción total. Y esta idea no resulta buena estrategia, porque si algo sé con absoluta certeza y por experiencia es que conduce a atracones.

Todos los que estábamos en ese *bootcamp,* en mayor o menor medida, éramos víctimas de las dietas extremas, la obsesión corporal y el apego al cuerpo físico.

Los comentarios que escuchaba de los hombres eran "cuando no aguanto me atasco con una bolsa gigante de *trail mix*" o "me acabo cinco cajas de chocolates sin azúcar". Honestamente, me sentí aliviada al ver que no necesariamente debes padecer un desorden alimenticio "diagnosticado" para caer en este tipo de comportamientos. Todos ellos se entregaban a los atracones, la diferencia es que no les daba vergüenza y no los veían de esa manera.

La razón por la que nos sentimos insaciables alrededor de la comida es justamente por esa inclinación a la carencia, por completa privación, etiqueta y culpa durante tanto tiempo.

Al regresar de ese viaje puse en claro mis valores y objetivos, la idea que adoptaría para llegar a ellos: **ABUNDANCIA**, siempre abundancia. Es lo que funciona en mí.

MI **CUERPO** PROSPERA Y SE PONE **HERMOSO** CUANDO LO **NUTRO**, SE ESTRESA Y RETIENE KILOS CUANDO LO CONTROLO. ASÍ DE FÁCIL.

Fearless Wisdom

El Universo me enseñó tanto a través de esa metáfora que en verdad podría escribir no una lección, sino todo un capítulo sobre ella.

Mi creencia es aprender a leer los mensajes del universo. No te dejes engañar por lo que ven tus ojos, aunque son muy útiles y hermosos son sumamente limitados.

Ayer escuché un podcast de una de mis mentoras, Gabrielle Bernstein; compartió algo que ilustra este punto a la perfección. Ella contó sus retos para embarazarse; cuando soltó su necesidad de embarazarse, sugirió esto: "Pide al Universo una señal."

"Yo pasé un año no tratando de concebir, sino que elegí concentrarme en mí. Pero recientemente, cuando puse mi atención en mi objetivo de nuevo, me di cuenta que mi antigua necesidad de controlar y hacer que eso pasara, regresó. Así que elegí voltear al Universo en busca de una señal. Esto lo hice a través de la oración y enfocando mi energía en lo que sí funcionaba en mi vida.

Una tarde vi cinco pavos salvajes fuera de mi ventana. Por la noche, durante mi meditación, recibí un mensaje intuitivo para buscar el significado espiritual de los pavos. Así que investigué y descubrí que representan 'la fertilidad'."

"El Universo te dará señales y hará guiños si lo pides. Presta atención a lo que recibes. Permanece abierta a la guía que se te presenta todo el tiempo.

Nunca deja de pasar algo, todo pasa en este universo y tu vida es una metáfora.

La vida es una sola y consciente totalidad en constante creatividad y comunicación con cada una de sus partes o aspectos. La vida sabe lo que hace y nos lo comunica.

La vida nos habla en susurros, si no podemos escuchar nos habla más alto. Si aún no podemos o sabemos entender o no queremos escuchar, nos sigue hablando más y más alto hasta que grita. Ese grito es el dolor, la enfermedad o el accidente." Dice Eric Rolf, en *La medicina del alma.*

Ábrete a ver con tu visión espiritual todo lo que pasa a tu alrededor.

ESCUCHA A TU CUERPO, EL UNIVERSO SE COMUNICA CONTIGO A TRAVÉS DE ÉL. CUALQUIER ENFERMEDAD, DOLENCIA O MALESTAR ES UN MENSAJE.

Fearless Wisdom

No huyas de él ni lo resistas mediante la medicina convencional. Elige escuchar, ver.

No creas que lo que pasa a tu alrededor es literal, todo es metafórico. Elige confiar en lo que percibes con otros sentidos que no son tus ojos. Tus sensaciones, sentimientos e intuición te dirán rápidamente el verdadero significado y mensaje de cualquier situación que te cause problemas.

RECUERDA QUE TU **VIDA EXTERNA** ES SÓLO UN REFLEJO DE TU **VIDA INTERNA**. SI ALGO NO TE GUSTA DE ELLA EL CAMBIO DEBES REALIZARLO ADENTRO, NO AFUERA.

Fearless Wisdom

Puedes cambiar tus creencias por opción o porque de plano no te quedó de otra y puedes cambiarlas en un instante, pero la forma más rápida y efectiva de cambiar una creencia es darte cuenta de que estabas equivocada. Necesitas entender que esa percepción no era o no funcionaba como tú creías (así como yo me di cuenta de mis creencias limitantes a través de la metáfora de mi *bootcamp*).

Ahora acompaña este cambio de creencia con un acto de poder, que es actuar de otra forma en la misma circunstancia y que refleje lo que ahora escoges creer.

¿Qué situación en tu vida en este momento te llama a Ver más allá de tu visión física y tu comprensión lógica?

¿Estás lista para que te sea revelado lo que tienes que aprender?

Decrétalo al universo. Repite: "Universo, estoy lista para entrar en comunicación consciente contigo, *show me what you've got*."

Ahora, escucha:

¡La vida es una metáfora!

LECCIÓN 28

No sigas el éxito: crea el tuyo

Cuando venimos de infancias donde nunca nos sentimos valoradas, donde nuestras habilidades jamás fueron reconocidas, es muy fácil adquirir la creencia de que no somos suficientemente buenas.

Si eres "inteligente" y crees que no eres capaz, empezarás a buscar a alguien que lo sea y querrás imitarlo. Hay muchos modos de hacer eso: aprendes, te inspira y se vuelve tu "ídolo". El problema es que conforme intentas imitar a esa persona, corres el riesgo de perderte a ti misma en el camino.

A veces admiramos tanto a alguien que acabamos hablando, escribiendo y vistiéndonos como esa persona. Quien eres tú queda olvidada, totalmente derrocada por la personalidad de tu modelo.

A mí me pasó. Una de las personas que más he admirado en mi vida fue una de mis mentoras. Ella es escritora, conferencista y asesora. La admiraba tanto que la devoré. Leí todos sus libros, iba a todas sus conferencias, estaba suscrita a todos sus programas en línea y seguía sus historias en Instagram. Quería ser tanto como ella que empecé a comparar mi cuerpo con el de ella, que es mucho más delgada, y me sentí mal por no ser así. Quería comer como ella, hablar como ella...

Llegó el momento de dar mis propias conferencias, escribir mis propios libros y salir al mundo por mí misma. Cuando eso pasó me encontré releyendo sus cosas para inspirarme, y descubrí que escribía como ella, repetía sus ideas en mis propias enseñanzas, hablaba como ella; cuando llegaba el momento de comer me aseguraba de hacerlo como ella y si me pasaba en la comida, me sentía culpable por no seguir su dieta que yo creía perfecta. Y de su cuerpo ni te digo, lo comparé con el mío durante años.

Cuando me di cuenta de que no encontraba mi propia voz, hice una pausa, entré en meditación y vi qué pasaba realmente en mi interior: crucé esa delgada línea entre admirar a una persona y querer ser ella.

Descubrí que todo eso se generó por la profunda creencia de que yo no valía. Idea que surgió porque la gente más cercana a mí jamás me reconoció nada. Buscar el reconocimiento exterior es una gran trampa (de la cual te hablaré en unos momentos) pero cuando eres niña tu autoestima se forma por lo que la gente que te ama dice de ti.

Cuando somos niñas no diferenciamos "tomamos la cosas como algo personal" y literal. De hecho somos "narcisistas", creemos que todo tiene que ver con nosotras, y si hay algo mal en la dinámica familiar, caemos en la culpa de que como hijas hemos fracasado, no satisfacemos a nuestra mamá feliz. Esto pasa en el inconsciente, por supuesto.

A través de mis experiencias infantiles, aprendí que tenía la profunda creencia de que yo no era suficiente y que había algo genuinamente mal conmigo. Eso lo trasladé al área profesional de mi vida: creía que mi manera de escribir no era suficientemente buena, que mi cuerpo no era lo suficientemente flaco para tener éxito y que mi sabiduría no era suficientemente interesante o atractiva. Me gustaba cómo escribían mis mentores y sentía que mi trabajo jamás sería tan bueno como el de ellos.

LA **AUTOESTIMA** SE FORMA EN LA **INFANCIA,** AL ESCUCHAR LO QUE DICEN LAS PERSONAS DE TI.

Fearless Wisdom.

También creía que mi camino debía ser igualito al de ellos, que mi tarea –como todo mundo me aconsejaba– era estudiar su vida y hacer lo que ellos hicieron.

MOMENTO DE HONESTIDAD

Desde que tengo memoria y dentro de este sistema de creencias, aprendí a copiar. Copiaba en todos los exámenes en la escuela y siempre hallé maneras de hacerle trampa al sistema para no hacer yo las cosas. ¡Mala idea y pésimo hábito!

Estas maneras de actuar, de copiar, tienen una razón. No es que una persona que copie y robe ideas sea "mala". Lo que pasa cuando caemos en este comportamiento es que hallamos una manera de "protegernos" y sentirnos seguras. Cuando pasa esto estamos desconectadas de nosotras mismas, de tal manera que no creemos ser personas creativas e innovadoras.

Noticias. **¡LO ERES!**

Un curso de milagros dice que el mantra del ego es: "Busca pero no encuentres." Jamás te encontrarás siguiendo las huellas de alguien más.

Inspírate, aprende, pero ten certeza que tu camino será diferente.

No hay dos caminos iguales. Jamás.

Todos te llevan al mismo destino, pero de diferentes maneras.

DEJA A TU VIDA DESARROLLARSE DE MANERAS MILAGROSAS. DEJA QUE TU VIDA SEA UNA OBRA DE ARTE CREANDO EN **COMUNIÓN CON LA VIDA** UNA "PINTURA" A LA VEZ.

Fearless Wisdom

Si te encuentras constantemente queriendo copiar a la gente que admiras, su estilo, cómo se visten y hablan, comen y actúan, o comparando tu trabajo profesional con el de ellas, escucha: no estás sola.

Esto es normal si en ti hay la creencia de que no tienes la creatividad, la destreza y las habilidades para hacer lo que se necesita.

BULLSHIT

A lo largo de mi camino de transformación me di cuenta de este patrón que venía de una herida de infancia y supe que debía cambiar de inmediato.

Yo jamás podría conocerme si no me arriesgaba a confiar en mí misma.

Para esto la receta fue:

1. *Soltar a mi mentora y dejar de escucharla (sólo un tiempo mientras hallaba mi propia voz).*
2. *Cuando llegaba el momento de escribir, no leer nada de nadie para no sonar como esa persona.*

JAMÁS PODRÁS CONOCERTE, A MENOS QUE
TOMES EL RIESGO DE HACERLO.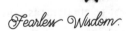

Fearless Wisdom.

Es un riesgo porque implica dar un paso hacia la incertidumbre. No sabes lo que eres sin seguir los pasos de otras personas, así que puedes sentir mucho miedo. Es normal. Sin embargo, en este momento eres llamada a darlo. Estás privando al mundo de tu luz por querer brillar bajo la luz de otro.

Hasta cierto punto es egoísta.

HAY GENTE EN ESTE MUNDO QUE NECESITA APRENDER DE TU **AUTENTICIDAD** Y SÓLO PUEDE APRENDER A TRAVÉS DE ELLA.

Fearless Wisdom.

Si dejas que gane tu miedo y falta de confianza le estás "robando al mundo".

Te necesitamos.

El consejo más grande que me dio una amiga escritora fue: "Coral, cuando escribo mis libros no leo a nadie más. De esta manera me aseguro que lo que aparece en las páginas es mi propia voz."

Cuando escuché el consejo lo absorbí como *Fearless Wisdom* y actué.

Dejé ir a todas esa voces que me tentaban a alejarme de la mía y empecé a escribir. Cuando me dejé ir, las ideas fluyeron en mí, confié en mi propio camino espiritual y profesional, dejé de compararme y de sentirme frustrada por no estar a la altura de mi gran mentora.

Hay un dicho: "No puedo ver tu pasto porque estoy regando y cuidando el mío."

¡Sabiduría pura! A lo mejor —sobre todo si has pasado por una infancia donde no te sentiste reconocida— tienes esta creencia de que no eres capaz. Pero, **¡LO ERES!**

Jamás te darás cuenta de tu magnificencia si no sacas de tu mente las voces de todas esas personas que no son tú.

Esto incluso puede pasar con nuestros padres. Si admiras mucho a tu madre, a lo mejor tu vida se basa en el casete de ella en tu mente. Esto lo sabrás fácilmente si te detienes un momento y revisas si sigues un camino o creas el tuyo.

Nada te dará más satisfacción y felicidad que hacer tu propio camino.

No sigas a nadie, sé la líder. No naciste para imitar. Si lo haces corres el riesgo de no encontrarte jamás.

Cuando dejé ir esos casetes mentales de voces externas empezó a manifestarse mi voz auténtica. El resultado es este libro que tienes en tus manos.

Ahora, ¡ojo!, observa que dije "libera el fanatismo".

QUE EL TRABAJO DE LA GENTE QUE ADMIRAS TE **INSPIRE**, PERO NO TE DEFINA.

— Fearless Wisdom

Aquí va la receta para recuperar tu propia voz:

1. **Sé la testigo.** Observa de qué manera has vivido la vida de alguien más. ¿En qué áreas has seguido las huellas de alguien que admiras tanto que ya no te sientes real?

2. **Permanece abierta a cambiar.** Encontrar tu propia voz y dejar brillar tu luz requiere dejar ir todo eso que te impide acceder a ella. Vas a requerir el coraje de confiar en ti.

3. Practica tu propia voz. Una vez que sueltas a tu ídolo llega el momento de quitarle el polvo a tu voz. Empieza a escribir, a componer, a diseñar, lo que sea tu arte, *just do it.* Hazlo por el tiempo necesario para que la única voz que reine en tu interior sea la de tu maestra interna.

ENCONTRAR TU **PROPIA VOZ** REQUERIRÁ EL CORAJE DE CONFIAR EN TI.

Fearless Wisdom.

Decídete por la acción. Sin acción no hay cambio. Empieza a escribir, a pintar, a bailar, empieza a hacer lo que quieras en tu vida, de una manera genuina y creativa. Sólo hazlo, no lo juzgues y verás que en el proceso, te lo aseguro con total convicción, te encontrarás.

Recuerda: el mundo necesita tu talento y creatividad, y sólo podrás expresarlos a través de ti. Si cierras la llave, esa luz se perderá para siempre.

LECCIÓN 29

La bulimia enflaca

Al menos yo, bulímica profesional, creí eso por 13 años.

"Vomitar después de comer es la opción para no engordar cuando me salga de mi dieta perfecta. Además, me ayuda a mantenerme en forma."

Es de las creencias y percepciones erróneas que he tenido a lo largo de mi existencia. La bulimia es la herramienta más tonta para bajar de peso, te lo digo convencida. Debes entender que durante 13 años la defendí a capa y espada. En verdad, mi energía era para mantenerla viva.

Vivir con bulimia es como vivir en un sueño en el que al principio todo parece estar muy bien, te sientes en absoluto control de tu cuerpo, de esa dieta perfecta y de la comida. ¿A quién no le gusta sentir que controla su vida? Es justamente lo que la hace tan adictiva, esa sensación de controlar.

El problema de vivir en el sueño de la bulimia es que mientras estás en ese espacio de fantasía, en el mundo real pierdes tu vida.

La bulimia, al final del día, si te ayuda o no a tener el cuerpo que quieres no es tan importante como todo lo que pierdes a nivel espiritual.

Para empezar vives una doble vida. La bulimia demanda secreto y lealtad absoluta, tu energía, salud y espacio mental; devora tus valores, ya que mientes todo el tiempo para ocultarla; demanda tu dinero, porque necesita vivir a través de los atracones que te das cuando ya no resistes; demanda tu tiempo, se roba tu libertad y, lo que más le gusta, es que mientras viva en ti estarás desconectada de tu esencia divina.

VOMITAR CORTA NUESTRA CONEXIÓN CON DIOS, ASÍ DE SIMPLE. TE SIENTES UNA MIERDA DESPUÉS DE HACERLO O TIENES LA ARROGANCIA DE PENSAR: **"NO PASA NADA."**

♡ *Fearless Wisdom*

Las bulímicas somos súper egoístas. Nuestro mundo gira en torno a la comida y nuestro cuerpo. No dejamos mucho espacio para nada más. La bulimia, sin duda, es un cáncer. Porque, aunque no lo ves, por dentro te come viva.

Hay algo en las bulímicas que les impide tener luz ya que entregan toda nuestra energía creativa al escusado. Suena horrible, pero es lo que pasa.

Si eres bulímica o estás pensando en serlo, quiero ofrecerte otra perspectiva de esta herramienta. No te culpo, jamás lo haría, yo la practiqué 13 años y dejarla ir probablemente ha sido la cosa más difícil que he hecho en mi vida, así que te entiendo. Pero por eso hoy demando tu profunda atención.

La bulimia engorda, engorda el cuerpo y el alma.

En este momento llamo a la adulta en ti —ya que la parte tuya que es bulímica o piensa serlo es tu niña interior— para leer lo siguiente. Tu adulta debe estar al mando durante esta lectura pues, a diferencia de tu niña interna, distingue entre satisfacción instantánea y decisiones sabias tomadas a largo plazo.

Aquí van unos datos interesantes de la bulimia:

1. Cuando vomitas lo que pierdes no es grasa, es agua. Al poco tiempo estarás anémica, con grasa y sin músculo.
2. Te hace adicta a los atracones.
3. Te va a dejar pobre (cuesta mucho dinero mantenerla)

Aquí te voy a revelar los cuatro secretos mejor guardados de la bulimia. Te voy a decir por qué, lejos de lo que tú crees, la bulimia en realidad te hace ganar peso. Y más que hablarte desde un punto de vista científico y médico, te lo digo por experiencia propia. Lo he visto en mí y en cientos de chicas que han pasado por mis programas.

LAS RAZONES MÁS PODEROSAS DE POR QUÉ VOMITAR ENGORDA

Primera. *La cantidad de calorías que tu cuerpo absorbe por un atracón,* incluso después de vomitar, *es mucho más grande que las que hubieras ingerido si no te hubieras atragantado.* ¿Y por qué lo haces? Porque vomitas y entras en hambre crónica.

Esto es real. Jamás dejarás de sentir hambre, nunca se sacia, y esos antojos tan fuerte no se irán si no interrumpes este patrón.

La realidad es que la bulimia sólo alimenta la compulsión, la adicción a la comida y el atracón.

Guapa, sin lugar a dudas, vomitar no funciona para ahorrar calorías.

Segunda. Muchos estudios han probado que, aun cuando creas que *después de vomitar* sacaste toda la comida, *muchas calorías se quedan en tu sistema.*

Cuando hay bulimia *el metabolismo se hace lento* (porque lo dañamos). Entonces las calorías que absorbe el cuerpo van directo a tus células de grasa y las guarda para nunca dejarlas ir.

Tercera. "Purgarte no funciona para controlar tu peso, de hecho estudios han mostrado que darse atracones de comida y vomitar causan un incremento de grasa corporal" (*Agras and Apple*, 1997).

Debes entender: *a tu cuerpo le da lo mismo si quieres estar flaca o no.* Para él estas en "guerra" y hará lo posible por sobrevivir. Su mejor mecanismo es guardar cada caloría que le entra.

Por eso, cuando quieres actuar como persona "normal", ninguna dieta ni ejercicio funciona: has "roto" la armonía de tu metabolismo con la bulimia.

Y la cuarta y última: Estudios recientes sugieren que *la absorción de calorías en el cuerpo de una bulímica empieza desde que la comida toca el paladar.*

Un laboratorio en Petersburgo condujo un estudio en personas con bulimia para ver las diferencias entre calorías consumidas y vomitadas. Pidieron a las personas que consumieran en el atracón las calorías como harían normalmente; consumieron alrededor de 3 000 por atracón. Monitorearon todo el proceso y los investigadores descubrieron las diferencias calóricas de un atracón contra las que lograban purgar a través del vomito. ¿Resultados?

Solamente lograban purgar 900 calorías de las 3 000 consumidas.

Esto significa que aun vomitando después de una atracón, tu cuerpo absorbe al menos de 40 a 75% de las calorías consumidas.

Ahora que sabes las verdades detrás de esta mágica "herramienta", sé inteligente si eliges mantenerla o iniciarla.

Entiendo tu deseo de estar guapa, en forma y sentirte bien en tu propia piel.

¡Es normal! Pero hay otra manera de lograrlo: sé inteligente.

Si no te animas a abandonarla por tu salud física, hazlo por tu crecimiento espiritual.

Si estás lista para recuperarte de la bulimia ¡tengo noticias!: un programa en línea llamado "Libre de Bulimia: Recupera el control de tu vida en 8 semanas", te guía paso a paso para recuperarte y, por fin, ser libre y feliz. Ve aquí para obtenerlo: taller.coralmujaes.com

¡Anímate!

LECCIÓN 30

Para ir más rápido, ve despacio

> "A VECES DEBES IR MÁS DESPACIO PARA,
> EVENTUALMENTE, IR MÁS RÁPIDO."
>
> *ROBBIN SHARMA*

Nada retrasa más las cosas que el apuro. Vivimos en un mundo que se mueve a toda velocidad y nosotros con él. El problema de dejarnos llevar por tantas demandas y cumplir con todo al mismo tiempo y de la manera más rápida, es que nos impide hacer una sola cosa bien.

¿Has escuchado el dicho "el que mucho abarca poco aprieta"? Tiene una explicación: esto pasa porque vamos tan rápido que es fácil cometer errores en el proceso, se olvidan cosas, se hacen al "aventón", salen mal y después debes hacerlo todo otra vez. En este proceso de repetir las cosas ya perdiste un montón de tiempo y acumulaste estrés.

Recuerdo que tuve un novio que me decía: "Coral, bájale a la velocidad en tu vida, vives a toda máquina. Si no bajas la velocidad siempre tendrás que hacer las cosas dos veces porque las haces mal." Y era verdad, tenía que arreglar mi clóset dos veces, reescribir mi blog tres veces, regresar a mi casa dos veces (porque por salir a las prisas invariablemente olvidaba algo). Todo siempre en mi urgencia de acabar rápido; no ponía atención a lo que estaba haciendo por pensar en lo que seguía y todo me salía mal.

IR RÁPIDO TE ROBA EL MOMENTO **PRESENTE**.

Si no estás en el presente, no crearás un futuro funcional. Simplemente porque lo que no tiene toda tu atención no puede crecer.

Es importante desarrollar la capacidad de planear bien nuestra vida, nuestras actividades, para no tener que correr. Debemos tener claras nuestras prioridades momento a momento, para no abarcar todo al mismo tiempo. Debemos darnos tiempo y espacio suficientes para hacer las actividades y tareas del día con calidad. Las cosas rápidas raramente salen bien.

En los procesos de la vida pasa lo mismo: queremos solucionar rápido un problema, perdonar, evolucionar, recuperarnos. Apresurar un proceso lo atrasa porque causa frustración, energía que bloquea el camino.

Todo proceso lleva tiempo. Es una ley universal.

"NO TE PREOCUPES POR EL FRUTO DE TUS ACCIONES:
MANTENTE ATENTO A LA ACCIÓN EN SÍ. EL FRUTO VENDRÁ
CUANDO CORRESPONDA."

ECKART TOLLE.

Además, cuando estamos constantemente apuradas la energía que sale de nosotras es caótica, hace que se te olviden las cosas; por ejemplo, no sabes dónde pones tu celular, las llaves del coche, si saliste y chocaste con alguien. Te lastimas porque vas tan rápido que no ves por dónde vas y te pegas. Esta energía repela oportunidades increíbles porque simplemente no estás presente para verlas.

ESTAR APURADA TE DESCONECTA DEL **UNIVERSO**.

Fearless Wisdom

El universo siempre interactúa contigo a través de sus lenguajes, que son tu vida y circunstancias. A lo mejor te manda ángeles y mensajes a través de personas, lugares o cosas y en tu apresuramiento pierdes todo el mensaje.

IR RÁPIDO TE ROBA LA CAPACIDAD DE VER.

El resultado de todo lo que hagas apurado, jamás tendrá la calidad ni el resultado de algo a lo que das toda tu atención y todo tu tiempo.

¿POR QUÉ MATAR DOS PÁJAROS DE UN TIRO?

Tampoco quieras "matar dos pájaros de un tiro". Una vez escuche a Louis Hay decir: "No entiendo por qué la gente quiere matar dos pájaros de un tiro. Primero, ¿por qué matar las cosas, acabar con ellas? Segundo, mejor ver, disfrutar y saborear un pájaro a la vez".

Esto me cayó como anillo al dedo porque siempre fui una mujer que mientras estaba en el salón de belleza, hablaba por teléfono con mi socio, o en el gimnasio, en vez de poner mi atención a los movimientos, escuchaba un audiolibro porque me aterraba perder el tiempo y había muchísimo por hacer. Incluso si tomaba un café con mis amigos comía con prisa, pedía la cuenta con prisa, estaba en mi celular contestando correos y tan de prisa que a veces ni sabía qué me contaban.

ES UNA FALTA DE **RESPETO** EN
PRESENCIA DE ALGUIEN MOSTRAR PRISA.

Fearless Wisdom

La gente merece tu atención y tu respeto. Para conectar necesitas atención y para poner atención necesitas ir despacio y tener tiempo.

La consecuencia de vivir siempre acelerada fue que acabé con un *Burnout* grande. Jamás me relajaba, manejaba un estrés superior a mí y estaba siempre ansiosa. Además, nunca disfrutaba lo que hacía porque ya pensaba en lo que debía hacer después.

IR RÁPIDO CAUSA PREOCUPACIÓN

Cuando vamos rápido porque fallamos en darnos tiempo suficiente para hacer las cosas, nos preocupamos y estresamos. Por ejemplo, se nos hace tarde y llegamos rayando llantas. Muchas veces quedamos mal con gente que es importante para nosotras porque no planeamos con tiempo las cosas.

MEDITA PARA IR MÁS DESPACIO

Recuerdo, cuando empecé a meditar, una de las cosas que más me estresaba era sentir que no tenía tiempo de hacerlo. Contestar correos, hacer mis evaluaciones, escribir mi blog, ir al gym, preparar mi desayuno, arreglarme, pintarme, ir a citas, etcétera. Sólo revisar mi rutina matutina ya me estresaba. Entonces no meditaba. El resultado: un día en piloto automático. Mala idea.

El problema es que desde que despertamos estamos con esta energía de caos y apuro. La energía de caos ocasiona más caos. Nos desconecta de nuestra intuición, que sólo se manifiesta en cuerpos relajados. Entonces tomamos malas decisiones y nos equivocamos. Tenemos problemas con gente que queremos por nuestra incapacidad de manejar nuestro mundo emocional. Nos preocupamos por cosas que no están bajo nuestro control y sufrimos.

Esto yo lo aprendí a la mala. Tuve que equivocarme varias veces antes de comprender que meditar traía dos cosas a mi vida:

1. Que el tiempo se expandiera (no sé cómo pero siempre meditar hace que tenga tiempo para todo sin apresurarme)
2. Que no debiera repetir las cosas.

Al estar conectada con el poder de mi intuición y de Dios me hacia una mujer mucho más objetiva, sabia y todo lo hacía bien desde esa posición. O sea, era eficaz y productiva. Hacía mucho en poco tiempo.

Además, ir despacio, libera la urgencia. Te permite liberar las resistencias y preocupaciones de tus procesos personales y de sanación.

LA URGENCIA **BLOQUEA.**

Fearless Wisdom.

La voz de la urgencia te dice: "rápido, rápido" y "no tengo tiempo". Hemos hablado acerca de la importancia de liberar toda resistencia interna para permitir que las cosas increíbles que deseas lleguen a tu vida.

La prisa es una de ellas.

Te sabotea y el resultado siempre será contrario a lo que quieres. Aprende a disfrutar el camino hacia las cosas. Muchas veces lo importante es desarrollar la capacidad de ser felices en nuestros procesos. Como dice *Un curso de milagros*: ser "el aprendiz feliz".

EL OBJETIVO NO ES TAN IMPORTANTE COMO EL **PROCESO**.

Como madre, esposa, estudiante, profesionista o amiga, aprende a liberar la prisa. Deja de poner en tu plato más elementos de los que puedes manejar armoniosamente. No tienes que hacer muchísimas cosas, recuerda este dicho: calidad antes que cantidad. Es mucho mejor que hagas menos cosas en el día estupendamente a hacer muchas a medias.

Utiliza esta receta simple y poderosa para bajarle a la velocidad. Verás que entre más despacio vayas más rápido llegarás:

1. Planea. Siempre ten un horario claro y fijo. No hay nada más importante que un orden en las actividades de cada día. Aprende a hacer de la planeación tu mejor amiga. Esto te ayudará a ver cuánto tiempo necesitas para cada cosa. Planea tu semana todos los domingos, date ese tiempo. Sé inteligente y recuerda que hacer esto ahorita te ahorrará mucho más tiempo después.

2. Lista de Prioridades. Ten súper claras tus cuatro prioridades de la semana. Esto te ayudará muchísimo a decir **NO** a los *shiny objects* que te saquen del camino.

3. Tiempos de Transición. Una vez definidas tus prioridades y tu horario, date tiempos de transición entre actividades. Un error muy común es ponerte una cosa tras otra, tras otra, tras otra. Esto hace que te sientas abrumada y llegues tarde a todo. Date un tiempo de transición para cambiar de una actividad a otra.

4. Medita para que el tiempo vaya más despacio. Date tu tiempo, medita y desacelera de una vez.

EVITA DRAMAS EN TU VIDA MEDITANDO

Recuerda que cuando meditas te vuelves sumamente poderosa, radiante y asertiva. Eso hará que no cometas errores innecesarios y a la larga te ahorrará muchísimo tiempo y sufrimiento. Date tiempo para meditar en las mañanas. Cada que escuches a tu ego diciendo "no tengo tiempo para meditar", pregúntate: "¿Tengo tiempo para equivocarme y sentirme jodida?" No lo pienses, sólo hazlo y verás el resultado. No querrás dejar nunca la meditación.

*Haz de la meditación
parte de tus planes, parte de tu vida.*

LECCIÓN 31

Dulces son los frutos de la adversidad

Ayer una de mis clientas me llamó totalmente estresada para contarme su semana. Después de haber tenido dos semanas en la paz y el *high* espiritual total que trae vivir en la luz y con principios espirituales, su siguiente semana había estado fatal.

"Primero fui al banco y le choqué al señor de atrás, mi hijo salía de la escuela en 5 minutos así que no pude pararme a esperarlo, me puse muy nerviosa y no supe qué hacer así que, en la presión, elegí irme de ahí.

Coral, me sentí pésimo, la culpa me consumía porque después, un poco más calmada, me di cuenta que pude haberle dejado una nota con mis datos. Lo único que se me ocurrió hacer fue rezar y decirle al Universo que me mandara una oportunidad de poder compensar mi error. Inmediatamente después llegué a mi casa y mi muchacha me sale con que está embarazada y no sabe qué hacer, que su esposo ya no quiere tener hijos y ella menos, porque no tienen para mantener a una familia. Me pide que le ayuda a abortar, cosa que va totalmente en contra de mis principios. Aun así, me acordé que había rezado solamente cinco minutos antes, así que pude salirme de mí y apoyarla en lo que necesitaba.

Después me llegó el recibo de la luz de 30 000 pesos, a mi marido casi lo asaltan, y para cerrar con broche de oro me di tres atracones. Me acabé medio bote de nutella en el estrés, estoy desesperada".

Después de unos minutos de silencio, le dije: "Ah, interesante, vamos a revisar tu semana con curiosidad. Si tuvieras que ver esta semana como parte de un Universo que te ama y te apoya en tu camino, ¿cómo interpretarías estas adversidades?". Pensó por unos momentos, un poco confundida, y dijo: "Bueno, es muy curioso que cinco minutos después de que recé pasara lo de mi muchacha. También es curioso que mi mamá me ayudó a solucionar y a pagar parte de la cuenta de luz y también noté que tuve la capacidad de escuchar a mi corazón –y no a mi ego– al no juzgar a mi muchacha por la decisión que había tomado y ayudarla aunque difiere de lo que yo creo correcto."

Yo le respondí: "Wow, qué milagros. Entonces no estuvo *tan mal*. Estuviste poniendo en práctica todo el trabajo que llevamos haciendo en sesión. ¿Cómo sabrías cuánto has crecido si el universo no te trae oportunidades de practicar estos principios de amor que has estado aprendiendo? ¿Cómo te podría ser revelado lo que todavía tienes que sanar si no hay adversidades que traigan tus heridas a la luz?"

Meditativa y en silencio, asintió y en ese momento toda su semana pasada fue transformada. No sólo estaba agradecida por la adversidad, sino que realmente pudo ver a través de cómo actuó que, a pesar de no haber sido perfecta, había avanzado mucho en su crecimiento espiritual.

La verdad es que la adversidad está aquí para nosotros. Es un grave error enfocarnos solamente en el problema, tanto que lo único que hacemos a través de este enfoque es alimentarlo.

En los momentos de crisis lo que te sostendrá, es cambiar tu enfoque y ver lo que sí está funcionando en tu vida. Generalmente siempre hay un área de nuestra vida que, aunque todo lo demás este fatal, sí funciona "bien". Enfócate ahí, enfócate en lo que prospera. Será mucho más fácil lidiar y resolver la crisis con gracia que cuando estás todo el día pensando y pensando en el problema.

Empieza a ser curiosa también, cambia tu percepción, la manera en la que ves la situación y dale un nuevo significado.

Concéntrate amorosamente en ver la oportunidad que se presenta a través de esta gran lección. Ve la crisis como un "examen" espiritual.

Enfócate en solucionar, aprender y corregir.

Las adversidades son lecciones espirituales y ese gran reto sólo está ahí para enseñarte más de ti.

Ahora explicaré este principio en términos de situaciones a nivel global.

¿Sabes por qué ahora los barcos y aviones tienen estupendos métodos de precaución?

Porque muchos se hundieron.

Durante la tormenta los barcos aprenden qué les falta para ser mejores. Incluso muchos se deben hundir con el propósito de dejar una lección por aprender.

Por ejemplo: ¿Has oído hablar del hundimiento del *Titanic*? Seguro viste la película con el guapo Leonardo DiCaprio. El punto es que esta tragedia trajo muchas grandes lecciones y cambió la industria de los barcos para siempre.

El Titanic llevaba a cerca de dos mil pasajeros, entre tripulantes y huéspedes. Cuando chocó contra el iceberg, una de las razones por las que la tragedia fue tan grande es que no traía suficientes botes salvavidas y no pudieron salvar a 60% de la gente. Los botes salvavidas eran los más innovadores del momento, pero entonces su cantidad se determinaba por el peso del barco y no por el número de pasajeros.

Definitivamente fue una desgracia, pero gracias a este incidente la seguridad en los barcos evolucionó y se pusieron más botes salvavidas.

El Titanic salvó muchas más vidas de las que se llevó.

LA ADVERSIDAD TRAE EL FRUTO DE LA **CORRECCIÓN**.

♥ Nugget de sabiduría

De igual forma afina tu visión espiritual de manera que puedas ver la adversidad en tu vida de una manera diferente.

Un problema en tu vida es una tormenta que viene para pulirte, obligarte a que saques tus verdaderas virtudes y recordarte lo poderosa que eres.

"NO SABES LO FUERTE QUE ERES
HASTA QUE SER FUERTE ES TU ÚNICA OPCIÓN."

WAHE GURU.

Utiliza la adversidad para desintoxicarte de lo que ya no funciona en tu vida. Dale la bienvenida a la crisis y vacíate.

Crea un vacío para que el espíritu pueda ocuparte.

Tu vida aquí tiene un propósito mucho más sagrado del que jamás podrás imaginar. No eres casualidad, no eres sólo "un ser humano". El mundo está hecho para ti, todo lo que ves ha sido puesto hoy aquí para ti.

El aire que respiras ha sido creado especialmente para ti.

No eres un error, el universo no comete errores. Fuiste enviada y traes una tarea importante que sólo tú puedes realizar, nadie jamás podría hacer lo que tú.

Es importante que cuando hablo de misión o de propósito divino no te imagines de blanco en el Tíbet, ni de turbante en la India o con un hábito en un convento: ¡NO!, las misiones divinas vienen bajo formas diferentes.

Dios necesita trabajadores de la luz en todas las áreas de la vida, en políticos, escritores, matemáticos, maestros, deportistas, modelos, actores, cantantes, carpinteros, pintores, amas de casa, veterinarios, científicos, doctores, entrenadores. Los trabajadores de la luz no tienen límites.

Son, existen y están en todos lados. En realidad somos todos pero pocos respondemos al llamado. Por "trabajador de luz" me refiero a venir, servir y aportar a la humanidad lo mejor de ti.

Cuando no estás alineada con tu verdadero propósito, también llega la crisis, una crisis amorosa que te obliga a través del dolor a realizar los cambios que debes hacer para entrar en equilibrio, el único que te dejará satisfecho y feliz.

LA ADVERSIDAD TRAE EL FRUTO DE LA **SABIDURÍA**.

Fearless Wisdom.

Sentirte en propósito.

Recuerda, tener una misión no significa de ninguna manera ponerte a escribir libros de autoayuda y espiritualidad. Es la manera particular en que yo fui llamada a servir y tú debes saber cuál es la tuya.

NUESTRA VIDA COMO MENSAJEROS

Tu trabajo en todo esto no es buscar la luz, es derribar todas las barreras que te impiden ver tu luz. Tu trabajo no es encontrar la espiritualidad, sino identificar todas las barreras que te impiden sentirla. Tu trabajo no es buscar dinero, sino encontrar todas las barreras que te impiden recibirlo.

Todas estas cosas ya son tuyas, están ahí, en ti, pero no puedes verlas.

La luz está prendida pero tus manos están en tus ojos.

Ø · Ø · Ø · Ø · Ø · Ø · Ø ·

LA ADVERSIDAD TRAE EL FRUTO DE UN SENTIDO DE **DIRECCIÓN**.

Fearless Wisdom

VE A DONDE VAS

Es importante saber a dónde vamos, tener un sentido de dirección en la vida. Si no tienes dirección es muy probable que te sientas perdida, sin rumbo; en vez de estar creando tu vida, la vives por *default*.

El problema de vivir así es que no vemos por dónde vamos.

Regresando a la metáfora del *Titanic*, sus capitanes fallaron en vigilar su camino, confiaron tanto que perdieron de vista el mar. Por ello no advirtieron el iceberg enfrente.

"El cielo no protege insensatos", me decía siempre mi madre.

No ver tu camino es una mala idea teniendo en cuenta lo difícil que es cambiar el rumbo, en este caso, de un barco tan grande. Fue su error fatal.

Los mayores errores en mi vida han ocurrido porque me confié en las circunstancias y perdí de vista mi camino. Si pierdo el enfoque, ignoro todas las señales que el Universo me manda para cambiar la dirección.

El resultado fue que cometí muchos errores que pude haber evitado si hubiera puesto atención, si hubiera sido entrenada a **VER** y no quitar nunca mi vista del camino, pues es mi constante conexión con mi poder superior.

Desde una perspectiva espiritual, si quitamos nuestra atención, aunque sea por un segundo, del camino que elegimos recorrer, todos tenemos el riesgo de chocar con nuestro *iceberg*.

LA ADVERSIDAD TRAE EL FRUTO DE LA **VISIÓN**.

Fearless Wisdom

Averigua qué te apasiona y búscalo. No quites tu vista del camino, jamás. Ajusta tus velas, haz corrección pero no retires tu vista.

OJO CON LA SOBERBIA

Yo me quedé en el círculo de la adicción mucho más tiempo del necesario porque fallé en darme cuenta que lo que llamaba recuperación en realidad era una abstinencia que tenía como base mi fuerza de voluntad. Yo no era mentalmente libre de mis "sustancias" de preferencia, en este caso la comida. Si bien ya no me daba atracones y había dejado la bulimia atrás, cuando comía azúcar y harinas me quedaba siempre queriendo más y más.

NO ERA LIBRE MENTALMENTE.

Siempre rechacé decir "soy alcohólica, soy adicta a la comida". Esas palabras me causaban mucho conflicto y jamás las acepté para mí. Creí que no era así, que yo era especial.

El sentirme especial sólo me llevó a tener muchas pequeñas crisis y adversidades que me regalaron el fruto de la visión: "No soy mejor ni peor que nadie, no soy especial, soy exactamente como Dios me creó y soy vulnerable".

En ese momento bajé las manos y acepté: "Soy adicta a la comida". Entré en un serio plan de recuperación y al día de hoy estoy abstinente del azúcar y harinas.

LA ADVERSIDAD TRAE EL FRUTO DE **OPORTUNIDAD** EN FORMA DE **LIBERTAD MENTAL.**

Fearless Wisdom

A raíz de haber tenido rigurosa honestidad conmigo misma sobre mi situación y haber aceptado que la naturaleza de mi cerebro no funciona con alcohol, azúcar y harinas, he empezado a vivir días completamente libres de ansiedad. No me siento nerviosa cuando entro al súper, porque tengo mis pequeños permisitos, como comprarme botes de merengues sin azúcar o galletas sin azúcar. No pasa, porque ahora he marcado líneas claras en mi vida.

LA ADVERSIDAD REGALA EL FRUTO DE LA **DEFINICIÓN.**

Fearless Wisdom.

He definido los valores y los lineamientos que me permiten vivir como la mujer que siempre había aspirado a ser: una mujer sobria, serena, feliz, en su propósito y conectada.

Ahora piensa de qué maneras puede estar presentándose esta adversidad en tu vida. A lo mejor, como yo, la soberbia ha estado nublando tu visión.

Voy ayudarte a que tengas un poco de claridad. Algunos ejemplos de percepción nublada son:

→ Creer que somos invulnerables, que a "todos" les pasa pero a mí no.

→ Creer que no necesitas "ese" tipo de ayuda porque tu caso es especial.

→ Creer que tienes la respuesta para todo.

→ Creer que los demás están mal y tu bien.

→ Creer que eres lo máximo.

Éstas son algunas de las creencias trampa que nos pueden hacer caer en la arrogancia. Nada dura para siempre y todos, sin excepción, tenemos debilidades. Las personas sabias siempre se consideran estudiantes y siempre están abiertas y dispuesta a ser mejores. Cuando estamos tan cerradas en ese mundo de arrogancia espiritual, sin duda la adversidad llegará.

LA ADVERSIDAD TRAE EL FRUTO DE LA **HUMILDAD.**

Fearless Wisdom

Hasta que no recojas estos frutos, las adversidades seguirán presentándose a ti como medio por el cual la vida que te ama te enseña a evolucionar.

Decide verla así y absolutamente cada reto de tu vida te transformará.

LECCIÓN 32

El maestro del corazón

"NO VERÁS CON CLARIDAD MIENTRAS NO MIRES
EN TU CORAZÓN... EL QUE MIRA AL EXTERIOR SUEÑA.
EL QUE MIRA AL INTERIOR DESPIERTA."

CARL JUNG

Las cosas que más feliz me hacen en la vida han venido durante esos pocos momentos en que apago mi mente racional, no escucho mis explicaciones internas respecto a una situación y fluyo con lo que siento.

Te puedo decir que la gran mayoría de las veces nunca entendía nada de lo que estaba sintiendo, de hecho me juzgaba por eso. Lo que sentía siempre iba en dirección totalmente contraria a la que mi cabeza me mandaba.

La vez que más genuinamente amada fue en presencia de un hombre al que odié intelectualmente. Todo lo exterior estaba mal en esta persona, la ataqué e intenté rechazarla por meses. Sin embargo, en mi corazón todo iba bien con él, todo lo interior estaba excelente con él. Su presencia ha sido para mí un parteaguas porque gracias a su amor aprendí a amarme a mí misma.

Toda mi vida fui sumamente exigente y perfeccionista conmigo, sin embargo su energía y sus palabras siempre hallaban una manera de convertir todo lo que yo criticaba en mí en algo amoroso. Por ejemplo, cuando me quejaba de ser sumamente desordenada, caótica y emocional, él me decía que le encantaba mi energía tan femenina. Él amaba las cosas de mí que yo encontraba inaceptables y estar con alguien que me amara de esa forma me hizo aprender a amarme de una manera mucho más profunda.

Cuando estaba con él recuperaba las palabras más dulces. Cada beso era una expresión de amor y aceptación que yo jamás había sentido. Es inexplicable, pero mi cabeza me guiaba ante el camino conocido, mi corazón me empujaba a entrarle a una relación que amenazaba todo mi ego.

Este hombre rompía absolutamente con toda la imagen mental de lo que yo pensé sería el hombre de mi vida, pero seguí al corazón.

Seguir a mi maestro del corazón me llevó a descubrir lo que en verdad era el amor, algo que jamás había sentido. Nunca había visto ese grado de aceptación incondicional. En mi vieja programación de amor yo había aprendido que era querida mientras hiciera las cosas bien y de acuerdo con la agenda de esas personas. Cuando me salía de esa línea, su amor me era retirado y era juzgada, avergonzada y rechazada.

Crecí con un concepto del amor muy extraño, por no decir chueco. Por supuesto, al momento que la vida me envió a una persona que genuina y desinteresadamente me amaba, mi primera reacción fue: "Eres débil, vete de aquí ahora".

Lo sentí como una amenaza a mi seguridad. Sin embargo, mi corazón ha sido tan poderoso que ha saltado a mi mente en varias ocasiones y eso es porque desde que tengo memoria elegí poner mi vida en manos de algo más grande que yo.

El corazón es mucho más fuerte que la cabeza si estamos abiertos a vivir el camino del corazón. Aquí una amorosa advertencia: se siente como una amenaza a tu supervivencia, seguir a tu corazón significa que una parte de ti tiene que morir. Y así se muere esa parte de ti que te bloquea y sabotea.

LO ÚNICO QUE NECESITAS PARA EMPEZAR A CONECTAR CON EL **MAESTRO** DE TU **CORAZÓN** ES **QUERERLO**.

Fearless Wisdom

No tienes que entenderlo racionalmente, seguir un plan, un orden, una estructura, nada. Todo lo que venga del corazón no tendrá ningún sentido para tu mente programada que ve y siente el mundo de acuerdo con tu infancia.

Lo que los ojos ven no es confiable.

A diferencia, la información que brindan los sentidos no físicos son los instrumentos más leales que podrás tener.

No es que la mente sea mala, tiene una razón de ser y de existir, pero ella no puede estar al mando de tu vida ni dominar tus decisiones. Si permites esto, lo único que lograrás es que tu vida sea una recreación de tu pasado y eso no es libertad.

Debes comprender que el concepto de amor que tienes ahora lo debes a la relación que tuviste con tus padres y familiares.

A menos que tengas trabajo personal, tratarás a la gente que quieres como tus padres te trataron a ti, porque es la huella de amor que tienes.

No hay culpables, la mente funciona así. Recreamos lo que aprendemos, eso es todo. Nada es malo ni bueno, es cuestión de conocernos a nosotros mismos.

DEBEMOS **DERROTARNOS** ANTE QUIENES HEMOS SIDO HASTA AHORA PARA **SER FELICES.**

Fearless Wisdom

CIENCIA ESPIRITUAL

Está científicamente comprobado que el corazón es sumamente poderoso; de hecho, nuestro corazón tiene un cerebro.

El cerebro del corazón manda más señales al cerebro que el cerebro al corazón: si una perspectiva espiritual suena muy romántica para ti, la ciencia lo respalda.

"Alrededor de 1970, ciertos descubrimientos en neurobiología abrieron un campo de investigación hasta entonces inexplorado. John y Béatrice Lacey, del *Fels Research Institute* de Filadelfia,

Estados Unidos, fueron los primeros en observar que, cuando el cerebro enviaba órdenes al cuerpo físico a través del sistema nervioso, el corazón no siempre las obedecía. El corazón tenía su propia respuesta, su propia lógica, que a veces incluso se oponía a lo que proponía el cerebro. ¿Un corazón independiente? Y eso no fue todo. También descubrieron que el propio corazón podía enviar al cerebro unas señales que, no sólo éste comprendía sino que además podía obedecer. Curioso, ¿no? El que daba órdenes ya no siempre era el que se creía... En todo caso, empezaba a ponerse en duda..."[5]

Cada vez más la ciencia se pone al corriente con lo que los grandes maestros espirituales del pasado han enseñado por siglos. Y tú, si estás abierta, lo comprobarás por ti misma.

¿EL CORAZÓN O LA CABEZA?

La incógnita eterna del ser humano.

Hoy voy a revelarte lo que he aprendido. El corazón guarda todos los secretos de tu alma, en él se almacenan, es tu brújula y vives gracias a él.

Mucho del trabajo que debemos hacer en esta vida es justamente recorrer ese camino, ese trayecto de la mente al corazón. Parece sencillo, pero generalmente no lo hacemos. Le han dado al corazón una connotación de "debilidad", porque lo hemos asociado al cuerpo emocional; las emociones no están en el corazón, las emociones son energía y tenemos un cuerpo energético que las almacena, el corazón no es emocional, no es mental, es espiritual.

....

[5] Annie Marquier, *El maestro del corazón*, pp. 66–67

¿Quieres acceder a un poder fuera de serie? Accede al poder de tu corazón; si logras esto, serás imparable. Nunca lo olvides: el corazón es tu fuente de poder.

Para acceder a él, recuerda: sólo tienes que desearlo.

Practica esta pequeña visualización todas las mañanas y todas las noches.

Antes de irte a dormir sentada en tu cama, pon tu mano derecha en tu corazón. Siéntelo unos minutos. Después con tu voz mental háblale y dile que estás abierta a escuchar lo que tenga que decir.

Puedes esperar un minuto para ver qué te viene a la mente, una vez que le das espacio y le prestas tu oído y atención.

Debes confiar.

Debes confiar en lo que veas, oigas y escuches en tu interior.

Si no escuchas nada, no te preocupes, duerme y vuelve a intentarlo en la mañana. Después en la noche otra vez. Aunque sea un minuto al día. Si empiezas a poner tu atención y tu oído a tu corazón, poco a poco lograrás escucharlo. Velo como la historia de Peter Pan cuando olvidó que podía volar.

Lo único que necesitó fue que alguien le dijera que podía hacerlo y posteriormente recordar y practicarlo hasta que lo logró.

Que tú entres en contacto con el poder de tu corazón sólo requiere que alguien te lo diga, lo recuerdes y después lo practiques.

Un día a la vez.

Un minuto a la vez.

Un cambio está por llegar

"EL HOMBRE TIENE QUE DESARROLLAR
MUCHAS COSAS Y UNA DE LAS MÁS IMPORTANTES
ES EL ESTADO DE IMPERMANENCIA."

YOGUI BHAJAN

¿Por qué nos da tanto miedo el cambio? ¿Si cambio, qué peligros hay?

Una vez me senté con mi papá, una de las personas que más admiro en mi vida. Lo he visto enfrentar problemas muy grandes y jamás se quebró. Lo he visto cansado, agotado, exhausto, pero jamás rendido. Ha sido un hombre que ha pasado por muchos retos, económicos, emocionales y físicos; siempre halla la manera de mantenerse. No sé cómo lo hace, pero siempre sale adelante. Cuando lo veía en la "guerra", pensaba: "Yo no habría tenido la capacidad de levantarme de esa, yo hubiera perdido la cordura aquí, yo habría perdido toda esperanza, yo habría…" y terminaba la frase con un adjetivo poco poderoso.

Pero él no, siempre estaba presente, era responsable de nosotros, su familia, no importa qué pasara. Eso para mí tiene mucho valor porque en el pasado yo siempre hui. Estar presente y ser responsable en mi vida, aun con adversidades, ha sido de lo más difícil que he aprendido a desarrollar. Lidiar con la incomodidad, con la incertidumbre jamás me vino fácil. Me costó mucho, muchísimo trabajo trascenderlo. Mi manera de no hacer frente a mi vida se manifestó en adicciones y comportamientos destructivos.

Yo quería aprender su receta mágica así que un buen día que estábamos en Akumal de vacaciones elegí aprovechar, decidí sentarme con él a la hora de la comida y preguntarle: "Ok, papá, ¿cómo le haces para pasar por tal y tal y no perderte, no romperte?" Te soy honesta, yo esperaba una explicación increíble llena de sabiduría, con palabras que no entendería pero sólo me vio, sonrió y me dijo: "Mira, Cory, lo único seguro en esta vida es el cambio, siempre sé que esta situación, por muy mala e incómoda que sea, pasará."

Es la lección más simple y rápida que he aprendido en mi vida. Jamás olvidaré sus palabras. Esa lección tuvo mucho impacto en mí porque venía de alguien que vive lo que predica; no sólo me lo dijo porque lo cree, esa energía de verdad corre por todo su ser y por eso tuvo el poder en ese instante de cambiarme a mí.

LO ÚNICO SEGURO ES EL CAMBIO, NADA ES PERMANENTE.

Fearless Wisdom

Afirma:

Confío en lo desconocido.

Esta mentalidad me ha ayudado muchísimo con mi ansiedad, que viene de no poder tolerar lo que pasa en el presente, de resistirme y pensar que la manera en que me siento en ese momento durará para siempre. No es verdad. Todo pasa.

"NADA TE TURBE, NADA TE ESPANTE, TODO SE PASA"

SANTA TERESA DE ÁVILA

Siempre estamos guiadas, siempre estamos sostenidas, todo está bien y tú estas a salvo.

SUSPENDIENDO LA FALTA DE FE

¿Has pensado cómo sería tu vida si tuvieras la certeza de que eres guiada?

¿Cómo sería tu vida si creyeras que, sin importar lo que suceda, el universo te sostiene y hay una energía universal que está contigo cada segundo, trabajando incansablemente para hacerte llegar lo que necesitas en cada momento?

Incluso este libro a lo mejor llegó a ti por "casualidad", a lo mejor no sabes bien por qué sigues leyéndolo. A lo mejor muy adentro de ti sabes que este libro te ofrece la perspectiva que necesitas para dar ese pequeño salto de fe que tu alma te incita tan desesperadamente a dar.

¿Cómo sería tu vida si éstas fueran tus creencias?

En el momento que consideré la opción de que algo más fuerte que yo me cuidaba y protegía en todo momento, pude relajarme, sólo relajarme y soltar.

Liberar y suspender esa falta de fe.

El mundo y la manera en que vivimos crean un constante estado de pánico. Entre las noticias y el trabajo no hay espacio para confiar, para relajarse; nuestra mente esta siempre ocupada o, mejor dicho, preocupada, viendo de dónde va a sacar para la necesidad en turno.

Implica mucho esfuerzo vivir así, es una vida sumamente demandante de energía.

Por supuesto, si eliges vivir así jamás tendrás energía para relajarte y confiar.

La vida es como la naturaleza, con estaciones, colores y orden. Todo tiene un principio y un fin, pero ese fin es también el comienzo de otro nuevo ciclo. Modificar nuestra perspectiva respecto al cambio hará que los cambios por los que debas pasar sean mucho más ligeros.

UN CAMBIO SIEMPRE ESTÁ POR LLEGAR

La vida se especializa en crecimiento, y para crecer se necesitan ajustes constantes; aunque a veces duelan, son para nuestro beneficio.

Recuerda que tú siempre tienes el poder de elegir: ¿Verás los cambios como parte de la vida o como algo súper estresante?

Tú eliges. No somos víctimas en ningún momento. Para hacer frente a los cambios que van a llegar a tu vida (créeme, a través de las lecciones de este libro tu mente ha cambiado), tus creencias deben cambiar, porque tu energía ha cambiado. Vas a experimentar un cambio, eso está garantizado; ahora asegúrate de estar lista cuando esos "ajustes" toquen a tu puerta.

Siempre eres guiada, aunque no lo parezca.

Y cuando estamos listas, un cambio siempre llega.

Que estas afirmaciones y mis *Fearless Wisdom* te acompañen a partir de hoy en este gran camino de transformación.

Mantente fuerte.

SAT NAM

A través de estas alquímicas experiencias y recetas del alma quiero compartir contigo lecciones de vida, métodos para una vida feliz y herramientas sencillas, efectivas y básicas para cambiar nuestros hábitos negativos en acciones positivas y crear milagros.

Con la misma ilusión que escribí este libro deseo que llegue a tus manos y sea un buen compañero de viaje, más allá de las experiencias, lecturas, *Fearless Wisdom* y reflexiones que te comparto, deseo que en estas páginas encuentres identificación y las respuestas que en este momento necesitas para salir de la angustia, el estrés, la mala alimentación, bloqueos y demás problemas.

EL LIBRO ESTÁ PENSADO PARA QUE SUSPENDAS TU FALTA DE FE, EXPANDAS TU VISIÓN, ABRAS TU MENTE, CONECTES CON TU CORAZÓN Y ENCUENTRES LAS RESPUESTAS QUE JAMÁS PENSASTE ENCONTRARÍAS.

TÚ ERES EL GURÚ Y ESTE ES EL LIBRO QUE TE DARÁ ESAS RECETAS DE ALQUIMIA QUE NECESITAS, SI TAN SÓLO TE PRESENTAS EN TODO MOMENTO A VER TU VIDA DE UNA MANERA DIFERENTE.

Sólo por hoy, sólo por este momento.

Gracias, por acompañarme en este camino, gracias por darme la oportunidad de sanar a un nivel más profundo cada vez que escribía estas páginas, por avanzar conmigo. Gracias por darme la oportunidad de buscar juntos el camino del espíritu.

Coral Mujaes

Cambio radical de Coral Mujaes
se terminó de imprimir en junio de 2018
en los talleres de
Litográfica Ingramex, S.A. de C.V.
Centeno 162-1, Col. Granjas Esmeralda, C.P. 09810,
Ciudad de México.